人間の営みがわかる地理学入門

JN083035

水野一晴

角川文庫
23234

はじめに

我々の食卓に並ぶいろいろな農作物は、もともと野生であった植物を栽培化していったものがほとんどである。農作物は、本来の原生種が育っていた場所と似た環境で、現在も多くが生産されている。それでは、その原生種はもともとどこに生えていたのだろうか？　また、それらの原生種は現在の生産地にどのように伝わり、広がっていったのであろうか？　その伝播にはいろいろなドラマが隠されている。

たとえば天然ゴムは、イギリスがブラジルから種子を盗み出して自国で苗を増やし、その生育環境に適した自国の植民地で生産し、広めていった。コーヒーは、オランダがアラブ地域から種子を密かに持ち出して、植民地のインドネシアで栽培していった。

このように、歴史を紐解くといろいろおもしろいことがわかってくる。さらに、それぞれの農作物の適した生育環境を知っていると、世界の気候区と対応させてみれば、現在の主要生産地がどこなのかも、自然とわかってしまう。とくに個別に覚える必要もなく理解できるのだ。

最近、世界のあちこちで起きている紛争や難民問題などが大きなニュースとして報道されている。このような社会問題は、世界にはどのように民族や言語、宗教が分布し、それらがどのような歴史的変遷をたどってきたかを知っておくと、よりよく理解できるであろう。都市問題や人口問題、環境問題も同様である。本書は、このような人文地理に関するテーマを、その根本から自然に理解していこうという狙いのもとに執筆した。

また、ただ解説するだけでなく、筆者の体験をそこかしこに織り込んで、読者の皆さんが実際にその場にいるかのように、何かを感じていただけるように心がけた。この本の姉妹編である『自然のしくみがわかる地理学入門』（角川ソフィア文庫）でも、多くの読者から「筆者の体験が盛り込まれてわかりやすく書かれてあるので、自然のしくみがよくわかった」という声をいただいた。この本を読んで、ぜひ、世界の人々の営みを知り、さらに現地を訪れて、ご自分の目で実際に確かめていただきたいと思う。

本書は多くの出版物から引用をしている。本来なら、その引用箇所を示して引用文献を挙げるのだが、一般向けの読み物であり、細かく引用箇所を示すと煩雑になり読みにくくなるため、最後にまとめて引用した参考文献を掲げた。

引用した図表は引用先を示してあるが、作図し直してあるため、原図の一部が改変されているものがある。

写真は撮影者名や引用先を書いているものを除いてすべて筆者が撮影したものである。

人間の営みがわかる地理学入門

目次

1 農作物と農業

1－1　農作物

農作物と原産地の関係はいかに？

農作物と原産地　気候から見た主生産地

私は世界のあちこちを旅しているが、楽しみはやはり旅先の伝統料理である。その地域の原産食物を事前に調べておくと、よけいにその料理に対して親しみがわく。また、たいていの場合、地域の最もおいしく特徴的な料理は、そこが原産地となっている農作物を利用していることに気がつく。原産地の農作物は、もともとその地域にあったものなので、長い歴史を経て、その農作物の特徴を生かして、いろいろな料理法が編み出された。

私がペルーのクスコに行ったときは、そこにあるレストランのオーナーが、アマゾン川源流域で自生していたカカオを使ってチョコレートを作ってくれたが、何とも言えない香りと風味であったことが忘れられない。ボリビアのラパスから車で3時間かけて高度を2300m下った標高1500mくらいのところに、コロイコというアマゾン川源流の町がある。そこでも町のマーケットのあちこちでカカオの木の葉で包まれたチョコレートが売られていたが、手に取るだけで強いカカオの香りが漂う（写真1－1）。しかし、あとで食べたら苦かった。砂糖が入っていないのである。カカオだけから作る本来のチョコレートは苦いことがわかった。また、チチカカ湖の湖畔にあるプーノの町のレストランで食べたジャガイモ料理は、とてもおいしかった。

写真１－１　地元住民がアマゾン川源流域で採集されたカカオから作ったチョコレートを売っている（ボリビア、コロイコ）

アフリカ諸国ではコーヒー豆は輸出され、地元住民は西欧諸国の大企業が生産したインスタントコーヒーを飲んでいる。そのなかで、エチオピアだけは、伝統的に食後にコーヒーを飲む儀式が行われるが、炒ったコーヒー豆を擂粉木《すりこぎ》で擂《す》って、湯に入れて生み出されるコーヒーの香りと味は格別である。これらはすべてその地域原産の農作物である。

日本が原産地である農作物はどうであろう。中国東北部からシベリア、そして日本が原産地であるダイズは、古くから醬油、味噌、豆腐、納豆などさまざまに用いられ、日本の料理に欠かせない農作物になっている。

この章では、主要な**農作物**がどのような気候で育つのかを明らかにし、その原産地と同様の気候地域へどのように伝播していったかに注目して、現在の生産状況を見ていくことにする。各農作物は、ヨーロッパ列強によって原産地からその農作物が適する気候の植民地に移植され、そこから同じ気候の周辺国に広がっていった場合が多い。したがって、各農作物が育つ気候をまず理解し、それからその**農作物の伝播**の仕方を把握すれば、現在、なぜ、その国でその農作物の生産が多いのかが理解できるであろう。

最初に図1－1を見ていただきたい。この図は私が20年以上前にアルバイトとして予備校で地理を教えていたときに作成した**農作物の栽培条件**を示したものである。農作物は植物であり、それぞれ適した気候条件がある。その気候条件を満たしたところがもともと野生していた場所で、そこから同じような気候条件の場所に伝播していったのである。したがって、この図1－1と、世界の気候分布（図1－2）を照らし合わせながら見ていただくと、各農作物の生産の多い国が理解できる。さまざまな農作物の起源と伝播については、『栽培植物の起源と伝播』（星川清親著、二宮書店）によ

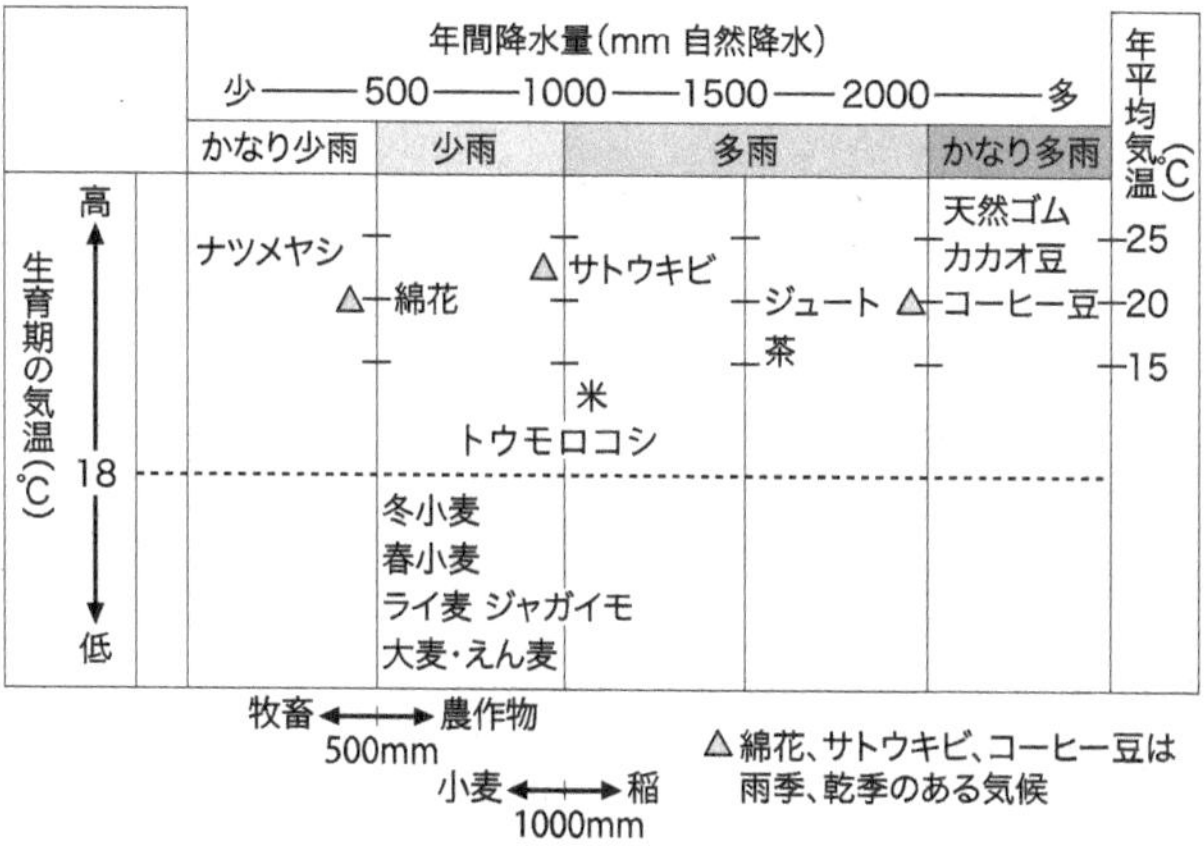

※アブラヤシは天然ゴムとほぼ同じ、落花生は綿花とほぼ同じ、
ダイズがこの図にないことに注目！

図１－１　農作物の栽培条件（水野 1996）

くまとめられている。同書を中心に『図説世界史を変えた50の植物』（ビル・ローズ著、柴田譲治訳、原書房）や『世界の食用植物文化図鑑』（バーバラ・サンティッチ&ジェフ・ブライアント編、山本紀夫監訳、柊風舎）から引用しながら、主要な農作物の生育環境とその伝播と分布について述べてみる。本書の農作物のイラストも『栽培植物の起源と伝播』の図を参考にした。

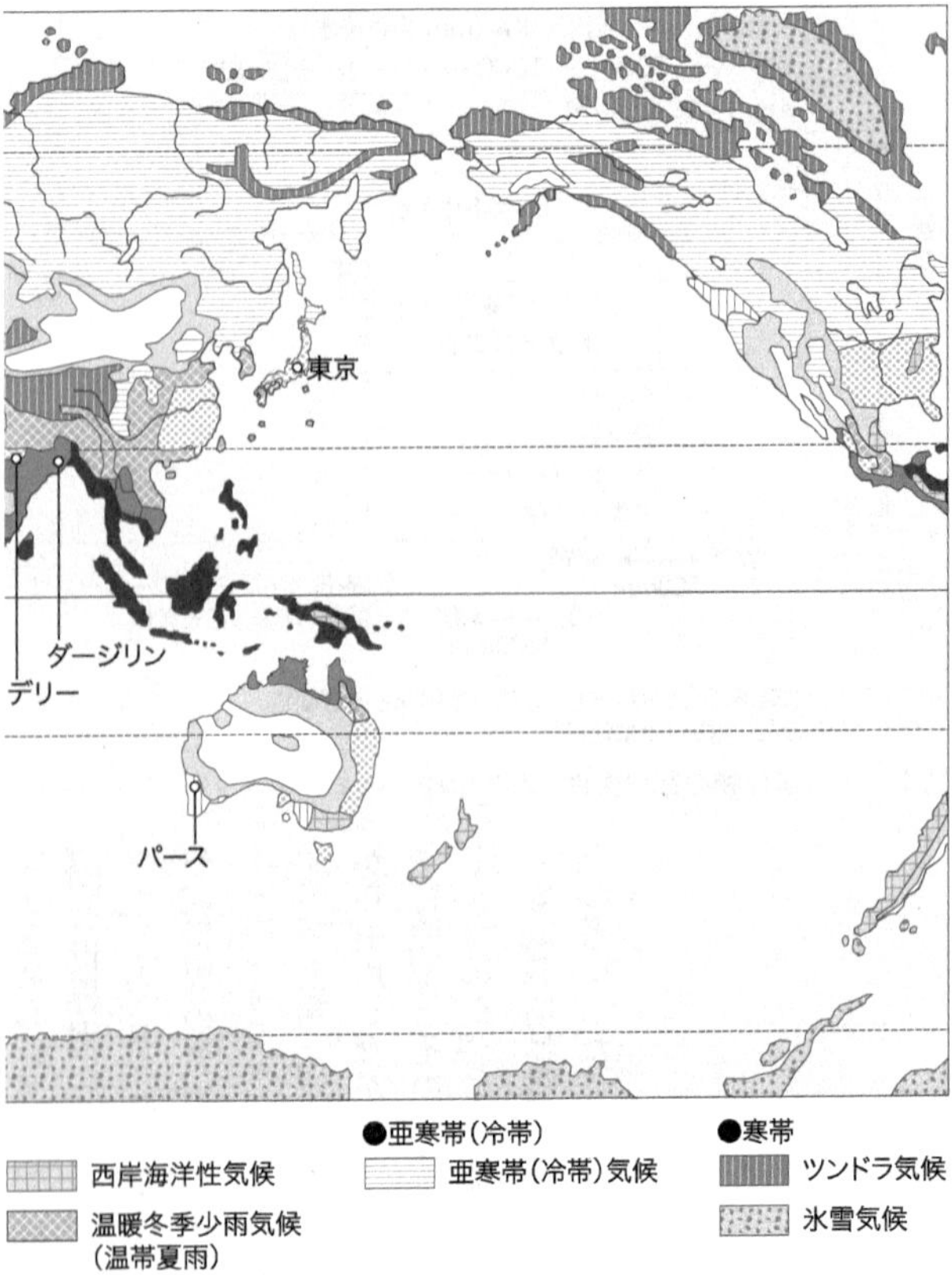
東京
ダージリン
デリー
パース
●亜寒帯(冷帯)
亜寒帯(冷帯)気候
●寒帯
ツンドラ気候
氷雪気候
西岸海洋性気候
温暖冬季少雨気候
(温帯夏雨)

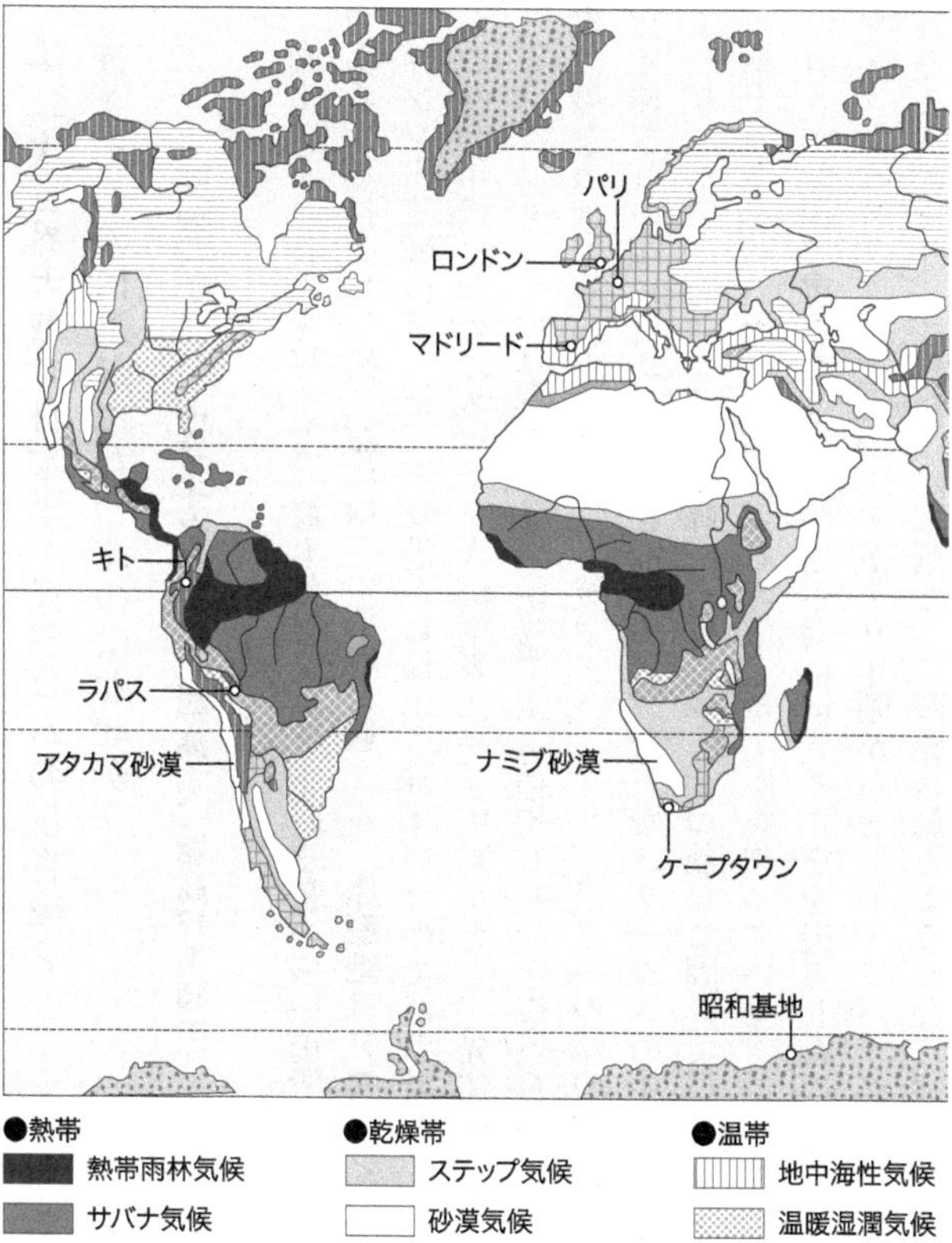

パリ
ロンドン
マドリード
キト
ラパス
アタカマ砂漠
ナミブ砂漠
ケープタウン
昭和基地
●熱帯
熱帯雨林気候
サバナ気候
●乾燥帯
ステップ気候
砂漠気候
●温帯
地中海性気候
温暖湿潤気候

図１－２　世界の気候分布

第二次世界大戦で日本軍が天然ゴムの生育地を押さえるのに躍起になったのはなぜか？

天然ゴム（トウダイグサ科の熱帯高木、樹高17～35m）

図1－1の右上を見ると、最も気温が高くて降水量の多い場所で育つのは**天然ゴム**である。熱帯雨林気候（Af気候）の低地に適する。**原産地**は**アマゾン川流域**だった。アマゾン川流域のゴムは、パラ港から輸出されていたので**パラゴム**とも呼ばれている。1500年代の初めにスペイン人が南米にやって来たとき、先住民族の**インディヘナ**（インディオというのは現地では差別用語なので使用しない）の人たちは、天然ゴムの樹皮に傷をつけて流れ出す乳液（ラテックス）をヒョウタンの殻の中に集めていた。彼らは棒きれの端に丸めた粘土を取りつけ、それをラテックスの中に突っ込んで粘土のまわりにラテックスをくっつけ、それを少しずつ熱して固めていった。そして、最後に粘土の型を洗い流して弾性ゴムの中空ボールを作っていた。

ゴムが鉛筆で書いた文字や絵を容易に消せることを発見したのはイギリスのジョゼフ・プリーストリーである。1770年頃からインド・ラバーが消しゴムとして売られるようになり、さらに、防水剤として販売されるようになる。ゴムがさらに注目されるようになったのは、イギリスのトマス・ハンコックとアメリカのチャールズ・グッドイヤーの2人によって、天然ゴムに硫黄と酸化鉛を添加して加熱し、ゴムの弾性を高め、さらに長持ちさせる硬化法が1839年に開発されたことによる。これによって、ゴムは自転車、自動車、飛行機などのタイヤとして重要な素材となる。1888年には、スコットランド生まれのジョン・ダンロップがアイルランドで自転車用タイヤの特許を取り、フランスのアンドレ・ミシュランと弟のエドワールは列車にも対応可能な空気タイヤを開発した。彼らの名前は今でも世界的タイヤメーカーとして君臨している。

写真1－2　天然ゴム農園（タイ、カンチャナブリ）

　自動車の普及とともに天然ゴムの需要は急速に高まり、飛行機のタイヤなど、軍需産業において天然ゴムは不可欠となった。アメリカやドイツは天然ゴムに代わる合成ゴムの開発に躍起になり、ドイツは1940年代に合成ゴムの国産化を果たした。アメリカは、第二次世界大戦まではイギリス領であったマレー半島、オランダ領であったジャワ、スマトラで生産された天然ゴムをイギリスやオランダから輸入していたが、それらの土地が1942年に日本軍に支配されると天然ゴムの入手が困難になった。日本軍は天然ゴム生産地を押さえればアメリカは困窮し、戦況に有利に働くと目論んだ。石油と天然ゴムの確保のため日本軍がどうしても押さえなければならなかった領地がインドネシアだったのだ。しかし、アメリカは戦争に押されて合成ゴム開発を急務とし、1945年には合成ゴムの国産化に成功したのだった。アクロン大学で始まった合成ゴム開発は、オハイオ州のアクロンにグッドイヤータイヤやファイアストン（現在、ブリヂストンの子会社）といった大手タイヤメーカーを生み出すことになる。

このような天然ゴムはどのように世界に伝播していったのであろうか？

ゴム需要が増すにつれてラテックスの採集者は木そのものを伐採するようになり、アマゾンの原木は濫伐された。19世紀末には天然ゴムは減少し、栽培の必要が生じてきた。イギリスは高温で降水量の多い植民地のインドで栽培を企画し、1875年にブラジル在住のヘンリー・ウイッカムに命じて7万個の種子をブラジルから盗み出させ、それをロンドンのキュー植物園に播いて、発芽した種子は5％以下だったものの2625本の苗木を作ることに成功したのである。その苗木をこんどはセイロン（現在のスリランカ）の王立ペラデニア植物園に送って、そこで2000本の苗木が育てられた。さらにそれらの苗木がシンガポール植物園に送られた。このようにして天然ゴムはイギリスによってアマゾン川流域から、当時のイギリス植民地で高温多湿な南アジア～東南アジア諸国に広められ、現在の天然ゴムの主産地となっているのである。

写真1－3　天然ゴムの乳液を採集（タイ、カンチャナブリ）

写真1－4　ゴムの樹液を薄くのばして天日干しする（タイ、カンチャナブリ）

私の家にはゴムの木があって、ときどき伸びた枝を切るが、切り口から白い粘着質の液体がたれて、手に付くとなかなか取れない。私が実際にゴムの農園を見たのはタイのバンコク北西にあるカンチャナブリである（写真1－2）。映画『戦場にかける橋』で有名になったクワイ川鉄橋が近くにあった。そこは、とても蒸し暑く、農園での作業はなかなか大変なんだろうなと思ったとともに、泰緬《たいめん》鉄道建設にあたった日本軍捕虜やアジア人労働者の苦労はいかほどだったのかと想像した。ゴムの木から採集したゴム液は容器にため（写真1－3）、さらにそれを薄くのばしてシート状にして、天日で干されていた（写真1－4）。

現在の天然ゴム生産国（2019年）は、上位からタイ、インドネシア、ベトナム、インド、中国、コートジボワール、マレーシアで、東南アジアの**熱帯雨林気候**（Af、Am）の地域が中心になっている。

ココアからチョコレートへと需要が拡大

カカオ（アオギリ科の熱帯性常緑高木、樹高1～10m）

カカオは天然ゴムに次いで気温が高く降水量の多いところで生育

する（図1-1）。熱帯雨林気候（Af気候）の低地に適する。**原産地**は南米の**アマゾン川**、オリノコ川流域、メキシコの森林である。先住民族のインディヘナによって有史以前から広められ、東部メキシコ・ユカタン半島からグアテマラにいたる地域で、マヤ族によって栽培化が進められたと言われている。アステカ文明がさかんだった頃には、カカオの実は炒ったり砕いたりして、トウモロコシやトウガラシと一緒にシチューのような料理に加えられたりしていた。1502年にコロンブスが第4次航海でホンジュラスの海岸線近くのグアナハ島で得たカカオ種子をスペインに持ち帰った。コルテスは16世紀のメキシコ征服の際にアステカ帝国の皇帝モクテスマがチョコレートを食していたのを見て、その製法を1527年にスペインに持ち込んだ。17世紀には砂糖やバニラを加えるなどして、カカオ豆から作ったココア飲料がヨーロッパで普及した。

19世紀に入るとオランダのカスパルス・ファン・ハウテンが、アムステルダムの自社工場で新加工法を考案してチョコレート製造に乗り出した。それまでは、カカオの実は細かくすりつぶされて、ミルクと一緒に混ぜて飲むココアだったのである。ファン・ハウテンはカカオの実の脂肪分を減らして固め、それを粉砕して粉末にする方法を考案した。ファン・ハウテンの息子のコンラートは**Dutching**と呼ばれる板チョコの製造工程を開発し、黒っぽいマイルドな菓子を製造した。

一方、スイスのロドルフ・リンツはConchingという工程によって舌触りのなめらかなチョコレートを作り出す。1866年にファン・ハウテンのチョコレートプレス機を買い入れたジョン・キャドバリーの息子たちは、1875年からイギリスのバーミンガムでチョコレート生産をはじめた。これらの原料は当初はすべて南米からの輸入であった。

最初に南米でカカオ豆を得たスペインは1525年にトリニダード島で栽培をはじめ、ハイチなど西インド諸島に栽培が広まった。フランスも1660年にマルティニーク島で栽培をはじめ、一方、イギリスはフェルナンドポー島（現ビオコ島）からアフリカの黄金海岸に栽培を移動させ、これが発展して1915年には輸出量世界一になった。東南アジアへは1671〜80年にアカプルコからフィリピンに移植され、その後セレベス島（現スラウェシ島）に入って広がった。

このようにアマゾンから持ち出されたカカオは、イギリスとフランスによって、高温多雨である植民地のアフリカのギニア湾沿岸地方、かつて黄金海岸と呼ばれた地域に移植され、そこが主産地となっている。

私が生えているカカオを最初に見たのは、タンザニアのザンジバル島だった。初めて見たときはびっくりした。多くの植物は枝に実がなっているのに、カカオは幹に直接実がなっている。たいていの人はその奇妙さに声を上げるものだ。

現在のカカオ豆生産国（2019年）は、上位からコートジボワール、ガーナ、インドネシア、ナイジェリア、エクアドル、カメルーン、ブラジルで、熱帯雨林気候（Af、Am）地域であるアフリカのギニア湾沿岸地域、インドネシア、アマゾン川流域のブラジルが主産地となっている。

コーヒー豆を生産しているアフリカの人々がなぜインスタントコーヒーしか飲めないのか？

コーヒー（アカネ科の常緑小木、樹高3～5m）

コーヒーの生育地は天然ゴムやカカオと同様に熱帯地域なのだが、大きく異なるのは、コーヒーは雨季と乾季のある**サバナ気候**（Aw）や熱帯雨林気候（弱い乾季のあるAm）に適するということである（図1-1）（写真1-5）。また、天然ゴムやカカオよりは、気温がやや低い場所で生育する。つまり、サバナ気候（Aw）の高原・丘陵に適する。土壌は有機質に富む肥沃土、**火山性土壌**を好み、火山帯や高地が適し、とくにブラジルの**テラローシャ**の土壌は最適とされる。

コーヒーにはアラビアコーヒーノキ（アラビカ種）*Coffea arabica* のほか、ロブス

写真1－5　コーヒーノキとコーヒーの実　これから実がだんだん赤くなっていく（ケニア）

タコーヒーノキ（ロブスタ種）*Coffea canephora* やリベリアコーヒーノキ（リベリカ種）*Coffea liberica* などがあるが、世界の生産量の70％は**アラビカ種**で、30％が**ロブスタ種**である。アラビカ種の豆はロブスタ種よりもカフェインが少なく、より豊かで繊細な香りがあるため、ロブスタ種より価格が高い。ロブスタ種はカフェインの含有量が多く、苦みが強いため、インスタントコーヒーに使われるかブレンドされることが多い。

　アラビカ種のコーヒーの**原産地**は**エチオピア**で、古くから飲・薬用に利用されてきた。エチオピア南西部にカファ Kaffa という地方があり、そこが原産地である。そのため、コーヒーの英語である Coffee の語源は地方名のカファから来ているという説があるが、ワインやコーヒーのアラビア語であるカフア（カウア）が語源という説が有力である。アラビア世界はこのコーヒーを守りつつ、隣国のスーダンからイエメンへコーヒーを運び、イエメンの**モカ**港からコーヒー豆を輸出し、コーヒー貿易をほぼ独占していた。積み出し港の名前から**モカコーヒー**と呼ばれてきた。

17世紀初頭にはコーヒー豆はアラブの外でも知られるようになり、需要が高まった。アラブ人はコーヒーの独占のため、種子がほかで栽培されることのないように、煮るか乾燥させてからでなければコーヒー豆の輸出を禁じる法律を作った。しかし、オランダは1690年にモカから密かに種子をセイロンに持ち出し、またイエメンからオランダ領だったインドネシアのジャワへ持ち込んで、1696年にはジャワ、スマトラ、チモールで栽培がはじまった。コーヒー生産におけるオランダの独占状態は19世紀半ばまで続く。1710年にジャワからアムステルダム植物園に苗が送られ、その一部がやはりオランダ領であった南米のスリナムに移され、それが新大陸への最初の導入となって、ブラジルへと広がっていく。

またアムステルダムから若干の苗がフランスのルイ14世に贈られ、その木の種子から発芽した3本の苗が西インド諸島のフランス領マルティニーク島に送られた。1720年にフランス海軍将校ガブリエル・マチュー・ド・クリューがコーヒーの苗を携えて、マルティニーク島に向けて出航した。クリューはたびたびの苦難の航海を乗り越えて、なんとかこの苗木を守り切った。苗木はイバラの生け垣で保護された場所に植樹され、後にこの苗木の子孫がマルティニーク島に一大コーヒー産業を築き上げ、西インド諸島から中央・南アメリカ、スリランカへと広がった。また、ここから移された苗木が1728年に**ジャマイカ**に入り、高品質の**ブルーマウンテン**となっていく。

現在のコーヒー豆生産国（2019年）は上位からブラジル、ベトナム、コロンビア、インドネシア、エチオピア、ホンジュラス、ペルー、インドとなっている。世界第二の生産国**ベトナム**では、おもに**ロブスタ種**が生産されている。

写真1－6　カリオモンと呼ばれるエチオピアの伝統的なコーヒー・セレモニー

エチオピアではカリオモンと呼ばれるコーヒー・セレモニーが伝統的に行われている。冠婚葬祭のときや重要なお客をもてなすときに行われ、女性が身につける作法の一つとされている。香を焚き、コーヒー豆を鉄鍋で炒って（写真1－6）、炒った豆を臼と杵ですりつぶして粉にし、それを水と一緒にジャバナと呼ばれるポットに入れて火にかけ沸騰させる。1煎目はアボル、2煎目はトーナ、3煎目はバラカと言われ、3杯飲むことが正式な儀式である。私は町や村で何度もこの儀式でコーヒーをいれてもらったことがあるが、そのようすからエチオピア人にとって重要な儀式であることが感じられた（水野一晴著『ひとりぼっちの海外調査』参照）。

コーヒーの木はサバナ気候に育つ。それで、ボリビアのラパス（標高3800m）から車で3時間くらい、約2300m下った標高1500mくらいのアマゾン源流の町コロイコに行ったとき、そこがサバンナだろうかとコーヒーの木を探した。すると難なく白い花と赤い実をつけたコーヒーの木を見つけることができた。薄暗い森林の中にコーヒーの木はあった。アラビカ種は強い日射を遮るシェードツリーといっしょに植えるのが一般的なので、薄暗い森林にあるのはうなずけた。

2009年にケニア山に調査に行ったとき、ケニア山の東側のチョゴリアの村に下山した。村のホテルでの朝食時、同行の研究者が声をあげた。「えっ！　インスタントコーヒー？」。彼が驚くのも無理はない。窓越しにコーヒーの木が山裾まで広がっているのが見える。ケニア山は火山なので、麓には火山性土壌が分布し、コーヒーの木は肥沃な火山性土壌を好むので栽培に適する。アフリカの人々はコーヒー豆を生産していても、伝統的にコーヒーを飲む習慣のあるエチオピアなどを除けば、その豆でいれたコーヒーを飲むことは少ない（2020年度の国内消費量はエチオピアが46％に対し、ウガンダは3％）。それらの豆はほとんど先進国に輸出され、現地のアフリカの人々は世界最大の食品会社N社のインスタントコーヒーを買って飲んでいる。このような構図はどのようにして作られていったのであろうか。

私は大学生のときに、スーザン・ジョージ著『なぜ世界の半分が飢えるのか—食糧危機の構造』を読んで衝撃を受けた。同書では、アフリカをはじめとする第三世界の食糧危機が自然環境の変化や人口増加の結果として片付けられるものではないと主張され、先進国の政府と**多国籍農業会社**（**アグリビジネス**）、それらが支配する国際制度、さらには、豊かな国の我々消費者の習慣などが、ほかの地域に住む人々を飢えに追いやり、世界の貧困や飢餓に深刻に関わってきたことが論証されている。

先ほどのN社は当時アフリカ各地でポスターやラジオ広告、宣伝カーまで繰り出し、看護師の格好をした販売員を産院に送り込んで、「N社製品の粉ミルクは赤ん坊を丈夫に育てる」と母親たちに信じ込ませ、時には退院時に粉ミルクと哺乳びんをただで配って売り込んでいったという。その結果、アフリカの母親たちは母乳を放棄し、生活に大きな負担となる高額な粉ミルクを買って、汚れた水とびんで粉ミルクを溶いて赤ん坊に飲ませるようになった。そしてアフリカでは乳幼児の栄養失調患者と死亡者が増加することになるのである。

先進国向けの**換金作物**が増え続けるアフリカの農業は、近年の気候変化や異常気象にも大きく影響を受けることになる。干ばつの影響の少ない伝統的な**自給的農作物キ**

ヤッサバの代わりに、おもに輸出用のコーヒーやお茶、たばこなどの換金作物が作られるようになった例も少なくない。干ばつになったとき、それらの換金作物が人々の腹を満たすことはない。

この本は30年以上前に書かれたものであるが、その構図はいまだ変わっていない。それくらい昔のことなので、いまは少しは企業の体質が改善されていると思っていた。しかし最近、アメリカ人の友人が、「コーヒーメーカーを買おうとしたがN社の製品だったので突き返した」と言っていた。なぜかと聞くと、「最近N社グループの元CEOが『水はほかの食品と同じように市場価値が与えられるべきで、我々全員が水には価格が付けられるということを認識すべきだ』と発言した。つまり、庶民は水を使用する権利はない、水は買って飲むものだということをビデオを通じて世界に発信し、世界中で大騒動になっている」という答えが返ってきた。そこで少し調べてみると、N社は現在、世界の水源をただも同然でどんどん吸い上げ、次々と地方の水源を干からびさせ、人々に高いミネラルウォーターを売りつけていることがわかった。これは、30年以上前に粉ミルクでやっていたことをこんどは水でやっているということにほかならない。利己的な企業体質は30年以上たっても何ら変わっていなかったということに、改めて驚かされた。『Bottled Life』というドキュメンタリーのなかで、N社に水源を奪われた町に住む老人が語る言葉が印象的である。「うちのトイレで流れる水と、

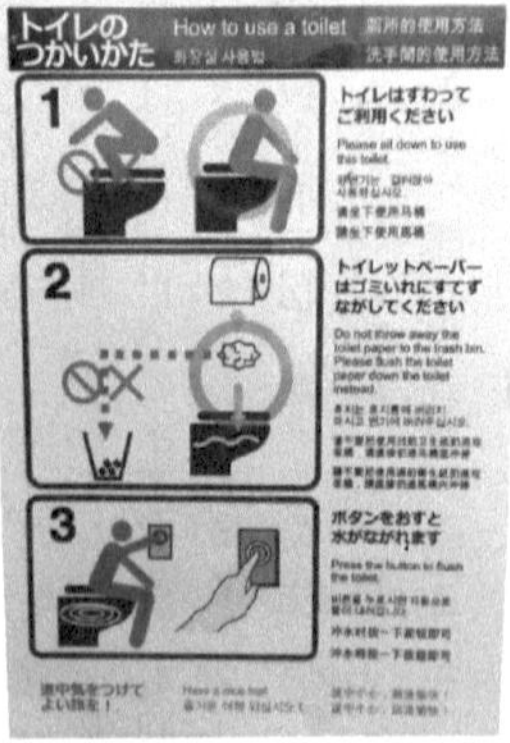

写真１－７　京都駅のトイレの個室の注意書き

このN社の高い水は、中身はいっしょなんだが……」。

日本のように水道水がおいしく飲める国は世界ではほとんどない。５００mLのミネラルウォーターが自動販売機で１２０円くらいで売られているが、我々はガソリンの価格（２０２２年２月現在１Lで約１６０円、５００mL80円）よりも高い水を飲んでいることになる。

写真１－７は京都駅のトイレ内の注意書きである。外国人が多く利用するような場所のトイレにはかならずこの表示がある。水が豊富な日本では使用した紙は便器に流すが、世界的に見ればそれは少数派で、とくに発展途上国ではお尻を拭いた後の紙は便器に流さず、脇に置いてあるくずかごに入れる場合が多い。海外では水が貴重なために排水量が小さかったり、排水管が細くて、紙を流すと詰まったりすることがあるからだ。そもそも、海外ではトイレの排水量に規制値が設けられている。アメリカ（一部地域で４・８L）やカナダ、ヨーロッパ、サウジアラビア、ブラジルなどでは６L、中国は９L（都市部は６L）、シンガポールは４・５Lである。しかし、日本には

規制値がなく、かつては13Lのトイレが多かったが、最近では8Lや6Lのものが多くなってきている。水の使用量率は東京都水道局（2015年）によれば、トイレ21%、風呂40%、炊事18%で、トイレの水使用量は多い。

日本は雨が多く水が豊富にある。そのため、日本人は水資源に鈍感になっている。世界的に見れば水不足で困っている国が大半だ。水はその国だけのものではなく、地球全体の重要な資源なのだ。水が豊富な国の日本人は、せめて自国のおいしい水道水や、国内の山岳地に湧くミネラルウォーターを飲むようにし、わざわざ外国の貴重な水資源を奪うようなことはしてほしくないものだ。

私は大学の一般教養の授業で学生たちに「自分らで現地に持って行かない限り、ぜったいに発展途上国に古着を寄付しないように」と訴えている。日本やアメリカ、ヨーロッパなどで集められている古着は、実は発展途上国をますます貧困のままにさせている元凶だからだ。日本で集められた古着がアフリカの人々に無償で渡っていることは非常に少ない。ケニアやタンザニアなど多くのアフリカ諸国では、それらの古着が確固たる流通システムに乗って、町のマーケットで安い値段で売られている。先進国で集められた古着は、アフリカ各国の政府に届くと、その役人たちが卸売商人に売って利益を得て、さらに卸売人から小売人へと流れ、たくさんの小売人たちによって、町のマーケットで安い値段で売られる。その量は半端ではない。なにせ、世界中の先進諸国からものすごい量の古着が「善意」の名の下に発展途上国に流れ込んでくるからだ。住民たちは安い値段で古着を購入できるので、お金に不自由しないお金持ちでない限り、多くの一般の人が新品の衣類を購入することは少ない。

ヨーロッパや日本の産業革命は繊維・織物産業の軽工業からはじまっている。日本は開国以来、近代国家の仲間入りをするため、富岡製糸場をつくり生糸生産に着手した。そして紡績業によって綿糸を生産し、それらを欧米諸国に輸出するところから日本の発展が始まったのである。しかし、現在のアフリカは、発展する機会を先進国の人々の古着輸出によって奪われているのだ。アフリカでも、工場をつくって衣類を生産しようと試みる人がいるが、作っても、それより安い衣類がいっぱい入ってくるため、結局売れずにやめてしまう。私は最近、南アメリカのボリビアでリャマやアルパカの放牧をしている牧畜民にインタビューしているとき、通訳をしてくれるボリビア人と牧畜民が話している内容に耳を傾けた。「ボリビアが貧しいのは、アメリカなどから大量に古着が入ってきて、ボリビアで繊維工業が育たないからだ」。この話はまったくアフリカで見てきたことと同じである。

お茶はどこの国の人がよく飲むのか？

チャ（ツバキ科の常緑樹、ニホンチャ *Camellia sinensis*、樹高約1m、葉長5㎝／アッサムチャ *C.sinensis var. assamica*、樹高8〜15m、葉長10〜20㎝）

お茶の生産地として適しているのは、高温多雨で排水の良好な土地（傾斜地）である（図1－1）。霧がかかるような排水のよい丘陵地は、お茶畑に向いている。インドの**アッサム**地方は雨が多く、気温が高いので、お茶の生産地としては適している。夏にベンガル湾をわたってきた湿った南西季節風がヒマラヤ山系の山々にぶつかり、風下側の山麓のアッサム地方や**ダージリン**は世界有数の多雨地帯となる。そのためアッサム地方やダージリンの排水のよい丘陵地はお茶栽培に適しているのだ。**セイロン島**でも同様に、夏の南西季節風が島の中央の標高2000m以上の山岳地にぶつかり、風下側の南西部に多量の降水をもたらす。その丘陵地がお茶の栽培に適した場所となる。

日本でも温暖で降水量が多く、霧がかかるような太平洋側、南アルプスの山麓など静岡県の丘陵地にお茶畑が広がっている。ニホンチャの原産地は、チベットから中国

写真１－８　お茶のプランテーション（ケニア、ケリチョ）

雲南省西南部の山地とされ、中国では周代の紀元前10世紀には薬用、三国時代（２２０～２８０年）に嗜好料作物とされ、唐代（６１８～９０７年）には栽培・製茶が普及した。日本へは中国から伝わった。

ケニア山周辺、アバーデア山地東斜面やケリチョ・キシイ地方は、年間１５００㎜以上の豊富な降水がある。ケリチョは降水量が多いうえに、山地斜面で排水がよいため、世界的なお茶の生産地になっている（写真１－８）。

アッサムチャの**原産地**はインドの**アッサム**地方で、古くから栽培されていた。ヨーロッパへは16世紀に中国や日本から茶が輸出され、喫茶が流行しはじめた。イギリスはインドのアッサムやダージリンなど各地にアッサムチャのティーガーデンをつくり（代表的なのはリプトン）、さらにケニアやウガンダなど、イギリスの植民地で広くお茶のプランテーションを行った。

インドのアッサムやケニアの高地では、かつてイギリス人によってはじめられた**プランテーション**の広大なお茶園が広がっている。そのお茶園でたくさんの女性がお茶を摘む姿をよく見かけ、私はその地を訪れたときはかならずお茶を買って帰る。アッサムでもケニアでも農家を訪れると、お茶を牛乳で煮出したミルクティーにたくさんの砂糖を入れたものを出してくれることが多い。ヒマラヤ地方のヤクの牧畜民の家を訪れると、たいていお茶にバターと塩を入れたバターティーを出してくれる。最初は飲み慣れないが、慣れてくるとおいしい。

現在のお茶の生産国（2019年）は、上位から中国、インド、ケニア、スリランカとなっている。1人あたりのお茶の消費量（2017〜19年）は、上位からトルコ、リビア、モロッコ、アイルランド、イギリス、香港であり、我々日本人はお茶を多く飲むと思っているが、それらの国の1人あたりのお茶の消費量は日本（約0・8kg／年）の2倍以上である。乾燥地域では喉が渇くのでお茶の消費量が多いと考えられる。また、イスラームの国ではお酒が飲めないこともお茶の消費量に関係しているかもしれない。

サトウキビ生産は重労働？

サトウキビ（イネ科の多年草、草丈2～4ｍ）

サトウキビは気温が高く、比較的降水量の多い地域が生産地となっている（図1－1）。雨季・乾季のある熱帯サバナ気候（Aw気候）が適している。**原産地**は**ニューギニア**で、紀元前1万5000～前8000年に作物化された。紀元前6000年頃にそれをもとにして、現在の栽培種の祖先がマレーシア地域で作り出された。それが紀元前20世紀にインドに伝わり、紀元前約5世紀にガンジス川沿いのビハールで、地元のサトウキビを精製し、純粋な砂糖（精糖）にする加工法が知られるようになった。そして紀元前4世紀に、インドに遠征したアレキサンダー大王がこれをギリシアに伝え、13～14世紀には地中海一帯で製糖業がさかんになった。さらに、コロンブスが1494年にカナリア諸島からハイチに持ち込み、西インド諸島に広まった。ポルトガルは、北大西洋のポルトガル領のマディラ諸島でサトウキビを栽培し、それを西インド諸島やブラジルに持ち込んだ。中国には1世紀にインドから伝わった。

　サトウキビの農場の近くにはかならず**製糖工場**がある。この重くてかさばる農作物をそのまま大量に遠くへ運ぶのは、採算が合わないからであった。私は学生時代に沖

縄でサトウキビの収穫のアルバイトをしたことがあるが、なかなかの重労働である。男性は斧で根元から刈り、女性がその枝葉を取る。束ねて道路沿いに運ぶのは男性の作業で、道路沿いに積み上げられたサトウキビはトラックで製糖工場に運ばれる。

写真1－9　サトウキビ農園（ケニア）

私はケニアのヴィクトリア湖に近い地域で約2400haのサトウキビの大農場を見たことがある（写真1－9）。そこには労働者と季節労働者をあわせて約1500人が働いており、出資比が75％国営・25％民営の製糖工場が1976年から操業していた。農地は地元のルオ民族の人から買い集め、サトウキビ畑にしていた。年による降水量の不規則さに適応させ、また、病気の蔓延を防ぐために、農場にはたくさんの種類のサトウキビが導入されていた。このサトウキビ畑の労働賃金を聞くと、1日あたり100ケニアシリングであり、ケリチョのお茶畑の賃金の1日あたり20ケニアシリングよりだいぶよかった。聞き取りをしたのは２００２年であり、その当時は１ケニアシリングが２円くらいだったので、１００ケニアシリングは２００円くらい、20ケニアシリングは40円くらいである（２０２２年現在では１ケニアシリングが約１円）。この農場では１年で１haあたり70トンのサトウキビが収穫されるという。工場では９トンのサトウキビから１トンの砂糖が生産されていた。

現在のサトウキビの生産国（２０１９年）は、上位からブラジル、インド、タイ、中国、パキスタン、メキシコとなっている。

かつてのアメリカ南部の綿花生産になぜ黒人奴隷が動員されたのか？

綿花（ワタ）（アオイ科の１年または多年草）

綿花（**ワタ**）は、ワタの種子を包む白色の毛状繊維である。綿花は亜熱帯の降水量の少ない（６００〜１２００㎜）気候に適している（図１－１）。無霜期間１８０〜２００日以上が必要である。乾燥地域で灌漑により生産が増えている。インドではキダチワタが最も古くから栽培され、約７０００年前のインダス文明の住民によって栽培

された痕跡がある。モヘンジョダロ遺跡（紀元前2500～前1500年）からも綿布片が発見されている。アラビアではシロバナワタがインドに次いで古くから栽培され、アレキサンダー大王の遠征（紀元前4世紀）によってギリシアにもたらされ、ヨーロッパへ広がった。新大陸ではアメリカ綿が約8000年前にメキシコで見つかっていて、現在栽培されている多くのワタはこの種類である。紀元前26世紀からペルー綿が、同じ頃からブラジル綿が栽培された。10世紀以降にインドから種子が中国に入り、12世紀から栽培がさかんになった。

　私が実際に綿花が栽培されているのを見たのはセネガルとカメルーン北部のカプシキ地方である。カメルーンは南部が雨の多い熱帯雨林地域であるが、北部のチャドとの国境付近のカプシキ地方は乾燥しており、綿花がよく栽培されている。カプシキ地方は塔状の奇妙な地形（写真1－10）やおも

写真1－10　カメルーン北部の乾燥地帯であるカプシキ地方

しろい家造りなどとても興味深い地域であり（水野一晴編『アフリカ自然学』参照）、再度訪れたいと思っていたが、数㎞西でナイジェリアのボルノ州と隣接しており、ボルノ州でイスラム過激派組織「ボコ・ハラム」による200名を超える女子生徒の拉致や村人の殺戮などの卑劣なテロ行為が起きていて、とても再訪できるような状態ではなくなってしまった。

京都府立山城郷土資料館（ふるさとミュージアム山城）の敷地内でも学習用に綿花が育てられている。実際に生えている綿花を見て、この綿毛を一つひとつ手で摘むのは大変な作業であると感じ、アメリカの綿花栽培のためにアフリカからたくさんの黒人奴隷が運ばれていった歴史を思い起こした。現在のアメリカでのワタの収穫は、綿収穫機（**コットン・ピッカー**）や**コットン・ストリッパー**と呼ばれる機械で大規模に行われている。

現在の綿花の生産国（2018年）は、上位から中国、インド、アメリカ、ブラジル、パキスタン、トルコであるように、亜熱帯の比較的乾燥した地域で、人口の多い国が主産地となっている。

湾岸戦争で困った「オタフクソース」？

ナツメヤシ（ヤシ科の常緑高木、高さ30mに達する）

ナツメヤシは気温が高くて乾燥した気候に適する（図1-1）。雌株と雄株があり、雌株のみ実をつける。果実は房状になり10kgにも達する。一本のナツメヤシからは毎年70kg以上の果実を収穫できる。干した実（デーツ）はそのまま食べたり、ケーキなどに利用されたり、日本ではお好み焼き用の「オタフクソース」で独特の甘みを出すための原料に使われている。原産地は、北アフリカ、中東、インド周辺であり、紀元前30世紀にはメソポタミアで栽培されたと推定されている。エジプトへは有史以前に伝播して栽培化された。その後、西方へはモロッコからアフリカ北部を経て、スペインに伝播し、東方へはペルシアからパキスタン・インドにいたる西アジア一帯の砂漠地帯のオアシスに広がった。北米でも気温が高く乾燥しているカリフォルニアとアリゾナで、20世紀初頭に栽培された。

あるとき「オタフクソース」が存亡の危機に陥ったことがあった。その原料であるナツメヤシのデーツの9割をイラクから輸入していたのだが、1991年の湾岸戦争勃発で輸入が困難になったからである。それをきっかけに、輸入をイランやパキスタ

写真１－11　北アフリカでは街でナツメヤシを売っているのをよく目にする（チュニジア、チュニス）

ン、オマーン、エジプトなど、多方面から行うようになった。

北アフリカのチュニジアに行ったとき、あちこちの店でナツメヤシのドライフルーツが、それも大容量の包みで売られていた（写真１－11）。買って食べてみるととても甘かった。暑くて乾燥した北アフリカでは、ナツメヤシのドライフルーツはおやつにいいのかもしれないと思った。

現在のナツメヤシの生産国（２０１９年）は、上位からエジプト、サウジアラビア、イラン、アルジェリア、イラク、パキスタン、スーダン、オマーン、アラブ首長国連邦、チュニジアとなっており、高温で乾燥した北アフリカから中東諸国で占められている。

寿司の国際化でコメが普及する？

コメ（稲）（イネ科の1年草、草丈0・6～1・5m）

コメは長粒で粘り気の少ないインド型が熱帯で、短粒で粘り気のある日本型が温帯で栽培される。年間降水量が1000㎜以上必要で（図1－1）、**モンスーンアジア**で全体の9割が生産され、**自給的作物**であり、人口の多い国で生産量が多い。

稲の栽培発祥地は、インド東部～中国の雲南～ミャンマー～タイの北部地域であり、古くは紀元前4000年の栽培が知られている。この発祥地から紀元前28世紀に華南へ、紀元前25～前15世紀にインド中央部へ、紀元前15世紀にインドネシア、フィリピンへ、紀元前5～前3世紀に中近東地域に、そしてヨーロッパにも紀元前に伝播した。日本へは紀元前10世紀ごろの弥生時代に北九州に、紀元前3世紀に関東に伝播した。

水田は栄養分を含む水で浸されるので、ほかの作物のように**連作障害**（同じ作物を作っているとしだいに生産不良になっていく）を起こさないため、毎年同じ水田で耕作が可能である。

コメはおもにアジアで食べられているが、アフリカでもコメはよく食されている。

写真1－12　マダガスカルの首都アンタナナリボの町中に広がる水田

アフリカでコメがたくさん作られている国はマダガスカルやセネガル、エジプトなどで、マダガスカルには2000年ほど前にインドネシアからマレー系住民がわたってきたため、アジア系の人とアフリカ系の人が混在し、コメ文化も入って、稲作がさかんである。首都のアンタナナリボ周辺には青々とした水田が広がっている（写真1－12）。アフリカではほかにケニアやナミビアなどでもコメが作られている現場を見たが（ケニアはケニア山南麓のエンブ地方、ナミビアはアンゴラから洪水が流入するオシャナと呼ばれる地域）、量的には少ない。ナミビアのオシャナの季節的洪水域では、私のかつての指導学生であった藤岡悠一郎さんらが、稲作導入のプロジェクトを進めていた。

セネガルではコメが作られているものの（写真1－13）、生産量より消費量のほうが多いため、大量のコメがタイから輸入されている。なぜなら、セネガルの人は昼にたいていチェブジェンという炊き込みご飯を食べるからだ（写真1－14）。チェブジェンは、白身の魚を野菜やトマトペーストといっしょに煮込んで、そのスープで長粒米を

写真1－13　稲穂を長い棒で叩いて脱穀しているところ（セネガル）

写真1－14　セネガルの昼食でよく食べられている炊き込みご飯のチェブジェン

炊いた、炊き込みご飯である。私がセネガルにいたときは毎日昼にはこのチェブジェンを町のレストランや路上の屋台、あるいは招かれた家庭で食べ、けっこうおいしかった。セネガルでコメが主食となっているのは、植民地期にフランスが落花生を栽培させるために自給用食糧生産ができなかったことに起因する。その際に、フランスは、同じく仏領のベトナムから安い破砕米を持ってきたのである。

インドでは西側の乾燥地帯において、カレーといっしょにチャパティやナンなど小麦粉が主材料のパンを食べるが、東側の湿潤地帯からバングラデシュでは、カレーといっしょにコメを食べる。右手を使ってうまくご飯を食べるが、日本人がそれを真似するとぽろぽろと指から米粒がこぼれ、うまく食べられない。インドのヒマラヤ地域のアルナーチャル・プラデーシュ州のチベット系民族は、野菜とヤクの肉をチーズで煮込んだものをご飯にかけて食べることが多い。これは日本人にはあまりなじみがない味であり、私はさほどおいしいとは思わなかった。ちなみに、アッサム出身のドライバーは、どの人もこのチーズ味が苦手のようで食べられなかった。

最近は世界的に日本食ブームで、とくに西欧諸国での日本食レストランの急増には驚かされる。そのなかでとくに人気なのがお寿司である。ヨーロッパで寿司屋が急に増えてきたと感じたのは2000年頃からだと思う。ただ、日本にあるような寿司屋は少ない。ヨーロッパでお寿司を手軽に提供する店の多くは、パリのモンパルナスやカルティエ・ラタンなどでよく見られる寿司・焼き鳥バーで、店には日本人形や日本ののれんなどが飾ってあるが、そのほとんどが中国人かベトナム人の経営である。オペラ座周辺に見られるような日本人経営のきちんとした寿司屋は別として、ヨーロッパにある多くの寿司・焼き鳥バーやスーパーでよく売っているお寿司を一口食べたら、ほとんどの日本人は吐き出したくなるほどまずいと感じるであろう。何がまずいかと言えば、ご飯である。

我々日本人は、お寿司を口にしたとき、日本のお寿司の食感をイメージして口の中に入れるが、それとはまったく異なる、べちょべちょのご飯を硬く握りつぶした弾丸のようなお寿司のしゃりなのだ。私はそれで、ヨーロッパの安めのお寿司屋では、ちらし寿司を食べることにしている。ちらし寿司なら硬く握りつぶしていないからだ。すでに2000年頃には、私はベルリンのポツダム広場近くやロンドンの駅の構内で回転寿司を経験している。アフリカのケニアやナミビアでも寿司が食べられるレストランがあちこちに見られる。世界への寿司の広がりは、これまでアジアでほとんど消費されてきたコメが、アジア以外の地域でも消費されることにつながるであろう。

現在のコメの生産国（2019年）は、上位から中国、インド、インドネシア、バングラデシュ、ベトナム、タイ、ミャンマー、フィリピン、パキスタン、カンボジア、日本となっている。モンスーンアジアの人口の多い国で生産量が多い。

なぜ日本の伝統料理には味噌、醤油、豆腐、納豆などダイズを使ったものが多いのか?

ダイズ（マメ科の1年草、茎は0・6m〜）

ダイズは適する気候環境が広いため図1－1には載せていない。ただし霜に弱い。

ダイズの原生種は中国北部、シベリア、日本に野生するノマメである。少なくとも古代中国の西周時代（紀元前770年頃に終わる）以降、中国と日本で栽培されてきた。ダイズは東洋ではコメ、ムギ、アワ、キビとともに神聖な五穀の一つとされ、その後もずっと肉やミルクに代わる栄養源とされてきた。『古事記』（712年）や『日本書紀』（720年）にもすでにダイズに関する記述があり、すでに普及していた。このような長い歴史にもかかわらず、アジア以外でダイズの人気が出てきたのは最近のことである。近年では、世界で最も広く使われている植物油の材料の一つになっている。

ダイズは18世紀に中国、日本から海路でヨーロッパに伝播した。1700年代に日本へ到着したオランダ宣教師たちは、醤油の魅力を発見するが、その「醤油」という言葉をダイズのことと勘違いし、本国へダイズのサンプルを送るときに、「shouyu」「soya」と記載したため、ヨーロッパではダイズが「soybeans」となった。アメリカへはヨーロッパからのほか、中国、日本から19世紀に持ち込まれた。1854年には黒船のペリーも日本から種子を持ち帰った。そして、アメリカの農務省が1896年から栽培をはじめ、1924年から普及に努め、長らく世界一の生産地（現在はブラジル）となって、日本は大半のダイズをアメリカから輸入している。

写真1－15　インドのアルナーチャル・ヒマラヤ地方に見られる納豆

ダイズは日本が**原産地**である数少ない農作物であり、そのため、ダイズから作る味噌、醤油、豆腐、納豆などは日本の食文化に深く関わっている。ヘルシーな日本食ブームと相まって、最近では海外でも醤油や味噌、豆腐などが売られていることが多くなった。さすがに納豆は、ヨーロッパでは中国人経営のアジア食材店で冷凍のものが売られているにすぎないが、日本で1パック30円くらいのものが200円くらいだ。納豆は日本だけの食べ物ではない。東アジアから東南アジア、南アジアと広く分布している（写真1－15）（納豆の伝播・分布については横山智著『納豆の起源』に詳しい）。ちなみに納豆と味噌の違いは塩が入っているかどうかだそうだ。

成田空港や関西空港に到着した外国人は、空港で醤油や漬け物の匂いを感じるという。日本人にはその匂いは感じられないのだが、空港にそういった匂いが染みついているのであろう。私がドイツの外国人用宿舎の共同キッチンで料理を作っていたとき、いろいろな国の人から、私の作る料理がすごく匂うから換気扇を点《つ》けてくれと言われた。どうも醤油の匂いは外国人には強く感じられるようだ。

現在のダイズの生産国（2019年）は、上位からブラジル、アメリカ、アルゼンチン、中国、インド、パラグアイである。

アフリカの人々の主食はトウモロコシ？

トウモロコシ（イネ科の1年草、茎は1～2m）

トウモロコシは気温や降水量に比較的幅広く対応して生育できるため（図1－1のトウモロコシの文字間隔が広いことに注意）、世界の多くの国で生産されている。**飼料用**としても重要な作物である。

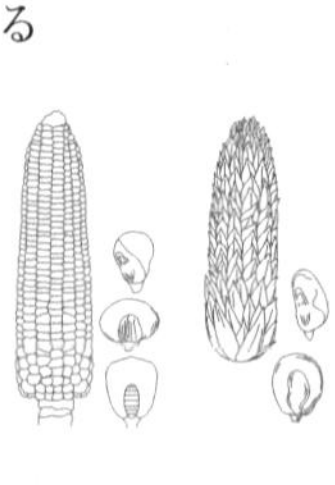

トウモロコシの起源はアメリカ大陸である。最も古くからトウモロコシが栽培されていたのはメキシコ南西部のオアハカ近くで、そこからテワカン渓谷に広がった。テワカン渓谷の紀元前５０００年の遺跡から、最も古い野生型の穂が発見されている。コロンブスが１４９２年の航海でキューバからスペインにもたらし、その後、ヨーロッパに広がった。16世紀にはポルトガルが奴隷を南米に送る際の食料供給地として西アフリカの植民地に導入し、17世紀には南アフリカまで伝播した。16世紀初頭にはポルトガル人がインド、中国へと広めた。

アフリカでは、多くの国でトウモロコシの粉を湯で練ったものを主食として食べていて、東アフリカではウガリ、南部アフリカではシマ（オシフィマ）と呼ばれている。私の指導学生たちは、ナミビアやマラウイなどで、１回の調査につき数ヵ月から半年ほど村に住み込んで調査をしているが、このシマにヤギの乳を発酵させた酸乳（液体ヨーグルトのようなもの）をかけたものを毎日食べて暮らしている。ウガリやシマには、トウモロコシを使うことが多いが、トウジンビエやモロコシ（コーリャン）を使う場合もある。

また、トウモロコシは家畜の飼料としても重要な穀物である。私がインドのヒマラヤ地域で調査していた村では、トウモロコシの実を取ったあとに残った芯がトイレットペーパー代わりに使用されていた。

現在のトウモロコシの生産国（２０１９年）は、上位からアメリカ、中国、ブラジル、アルゼンチン、ウクライナ、インドネシア、インド、メキシコ、ルーマニアとなっている。

ヨーロッパ文化とパンの関係は？

コムギ（イネ科の越年草）

コムギは温帯のやや冷涼の比較的雨の少ない、年間降水量が５００〜７５０㎜の気候に適する（図１－１）。一年中どこかで栽培されており、輸出目的の**商品作物**として重要である。低緯度では秋に種を蒔き、冬に発芽し、初夏に収穫する**冬小麦**が作られ、高緯度では冬が寒冷なため、春に種を蒔き、秋に収穫する（冬を越さない）**春小麦**が作られている。コムギの**原産地**はカスピ海南岸を中心とする**中東地域**である。新石器時代には栽培化されたコムギが地中海地域全体に広まり、５０００年前までには、ヨーロッパから北アフリカまで伝播し、その直後に中国まで到達した。新大陸へは15世紀末にスペインから西インド諸島に伝播し、17世紀初頭に北アメリカに伝わり、19世紀半ばまでに**グレート・プレーンズ**に到達した。

ヨーロッパはパン文化である。フランスでは長細いバゲットなどのフランスパンが伝統的に食されており、ハムやレタス、チーズやトマトを挟んだフランスパンが街角で売られ、パリの学生街のカルティエ・ラタンは、昼食時にフランスパンをほおばる大学生であふれている。そのフランスパンはフランスの植民地だった国、すなわちセネガル、カメルーンなどの西アフリカや、マダガスカル、ベトナム、ラオスなどでも根付き、街でおいしいフランスパンが売られている。

写真1－16　ドイツの小麦畑

私はドイツには10ヵ月と半年の2回にわたって住んだことがあるが、ドイツ料理でおいしいと思うものはあまりなかった。しかし、ソーセージと白いアスパラガス、そしてパンだけは自慢できるおいしさだと思う。ドイツではパンの種類が非常に多い。まん丸のものやラグビーボールのようなもの、食パン型のものなど、住民は毎日パン屋でいろいろなパンを店先に並んで買い求める。プレッツェルは茶色い紐を結んだような形の伝統的なパンで、岩塩がまぶしてある。ビールといっしょにおやつ代わりに食べることが多い。1日で硬くなってしまうパンが多いため、ほとんどの店が閉まる日曜日でも朝はパン屋が開いていることが多い。このようにパン食はヨーロッパ文化に深く根付いている。電車でヨーロッパを旅すると、車窓から平坦な大地が見渡す限り小麦畑になっているのをよく目にする（写真1-16）。

インドでも西の**パンジャブ地方**など乾燥した地方では、小麦粉からナンやチャパティを作って、カレーといっしょに食べる。ただし、ナンを焼くにはタンドールという専用の窯がいるため、インドではどちらかと言えば鉄板やフライパンで手軽に焼けるクレープ状のチャパティのほうが一般的である。

現在のコムギ生産国（2019年）は、上位から中国、インド、ロシア、アメリカ、フランス、カナダ、ウクライナ、パキスタン、ドイツ、アルゼンチン、トルコである。人口の多い国で生産量が多い。

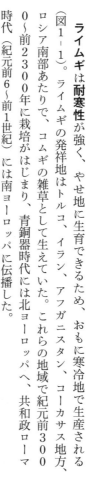

冷涼な国ではなぜ黒パンを食べ、おまけに黒パンは酸っぱいのか？

ライムギ（イネ科の越年草）

ライムギは**耐寒性**が強く、やせ地に生育できるため、おもに寒冷地で生産される（図1-1）。ライムギの発祥地はトルコ、イラン、アフガニスタン、コーカサス地方、ロシア南部あたりで、コムギの雑草として生えていた。これらの地域で紀元前3000～前2300年に栽培がはじまり、青銅器時代には北ヨーロッパへ、共和政ローマ時代（紀元前6～前1世紀）には南ヨーロッパに伝播した。

ドイツやロシア、東ヨーロッパ、北欧など比較的冷涼な気候の国では、ライムギから作ったパンが多い。ライムギの含有量の多いパンは色が濃くなり、食物繊維やミネラルが多く栄養価も高い。黒パンと呼ばれるパンは粗挽きのライムギを使用している。パンの発酵にはイースト菌ではなくサワー種と呼ばれる何種類もの微生物が共存したパン種を用いることが多く、乳酸を用いて発酵させるため、黒パンには酸味がある。

現在のライムギの生産国（2019年）は、上位からドイツ、ポーランド、ロシア、デンマーク、ベラルーシ、中国、ウクライナ、カナダ、トルコ、アメリカで、冷涼な気候の国で占められている。

チベット仏教とオオムギの関係は？

オオムギ（イネ科の越年草）

オオムギの生育できる気候は幅広いため、多くの国で生産されている。**原産地**は**アフガニスタン**から西アジア一帯の山岳地である。新石器時代にはヨーロッパへ伝播した。ヨーロッパでは有史以前から主食の一つであったが、比較的近年にコムギやライムギにとって代わられ、現在はヨーロッパでは飼料やビール、ウイスキーの醸造用である。17世紀初めにイギリスから新大陸へ、18世紀末にはオーストラリアに伝播した。

インドのアルナーチャル・プラデーシュ州では、チベット系の住民がトウモロコシの裏作として、オオムギやソバを作っていた。オオムギは炒って粉にして、麦焦がしにしておやつとして食べたり、チベット仏教や在来のボン教の祭式のときに神に捧げるトルマに利用される。トルマはオオムギに砂糖と湯とバターを加えて手で混ぜて円錐形に盛ったものである。また、オオムギからお酒も作られていた。

現在のオオムギの生産国（2019年）は、上位からロシア、フランス、ドイツ、カナダ、ウクライナ、オーストラリア、イギリス、スペイン、トルコなどヨーロッパや新大陸の冷涼～温暖な国と幅広い。

かつてジャガイモは観賞用植物だった？

ジャガイモ（ナス科の多年草、草丈約0・5m）

ジャガイモは**冷涼**な気候環境が適し（図1-1）、**原産地**は**アンデス**の**チチカカ湖**周辺で、7000年以上前から栽培されている（写真1-17）。アンデスから北はメキシコ、南はチリまで伝播した。スペインによるメキシコ征服やインカ遠征で、16世紀にスペインにもたらされた。16世紀にスペインからドイツ、ベルギー、ロシア、北欧諸国に広がり、18世紀にフランスに伝播した。

ジャガイモはヨーロッパでは当初、珍奇な観賞植物であったが、18世紀の小氷期の度重なる飢饉の際に重要な食料と認められ、ヨーロッパの主要な農作物となった。16世紀後半以降にスペイン人がインドに伝え、インドネシアや中国へはオランダ人が伝えた。18世紀初期にアイルランドからアメリカに伝播した。

写真1－17　街のマーケットで売られている何種類ものジャガイモ（ボリビア）アンデス地方では1世帯で何種類ものジャガイモを作っている

ボリビアやペルーなどのアンデス地域では、ジャガイモの種類が多く、料理にはジャガイモがよく利用され、そして、とてもおいしい。

現在のジャガイモの生産国（2019年）は、上位から中国、インド、ロシア、ウクライナ、アメリカ、ドイツ、バングラデシュ、フランス、オランダ、ポーランドであり、冷涼な気候の地域が主産地で、人口の多い国も生産量が多い。

1-2　世界の農業

1-2-1　世界の農業地域区分

世界の農業分布を示すのに適した地域区分

ホイットルセーの農業地域区分

ホイットルセーは、世界の農業地域を、生産目的（自給的か商業的か）、生産性（粗放的か集約的か）、家畜と作物の組み合わせなどに着目し、13に区分した。この**ホイットルセーの農業地域区分**は、世界の農業分布を表すのに有効であるため、高校地理でも採用されている。この章では、私が世界各地を訪れたときに見た農業を、このホイットルセーによる農業地域区分と照らし合わせて述べてみる。

1-2-2 自給的農業

キャッサバは地球を救う？

焼畑農業（移動耕作）

焼畑とは山林原野を焼いて得る草木灰を肥料とし、作付けによる地力減退のため数年で移動する**移動式農業**を指し、アジア、アフリカ、南米の熱帯・亜熱帯に分布している（写真1-18）。熱帯雨林ではキャッサバ、タロイモ、ヤムイモが栽培され、サバンナでは穀物が栽培される。**キャッサバ**は**マニオク**とも言われ、イモ（根茎）のデンプン質は**タピオカ**の原料となる（写真1-19）。青酸を含む品種もあるため、有毒品種は水溶性の青酸を水にさらすなど毒抜きをする必要がある。イモを収穫した後に、茎を30cmくらいの長さに切って地面に挿しておけば、またイモができるため、生産は容易である。アフリカではキャッサバは広い地域で生産され、干ばつにも強いため、干ばつ時の食料確保のために重要だった。しかし、近年、**貨幣経済**の浸透とともに現金獲得のために**商品作物**（たばこ、コーヒーなど）に転作される場合

も少なくなく、それが気候変動時に大きな災害をもたらしている。

写真1－19のキャッサバは、マラウイ湖が見える農村の1人の老人が見せてくれたものである。その老人は私が日本人だとわかると、「私が若い頃には、イギリス兵と

写真1－18　草木を燃やしている焼畑（ウガンダ）

写真1－19　キャッサバの根茎から作ったデンプンはタピオカとなる

してビルマで日本兵と戦った」と語った。先の戦争では、アフリカからたくさんの若者がイギリスやフランスの兵士として徴用され、戦争に駆り出されていたことをあらためて知らされた。

場所が違えば家畜も異なる？

遊　牧

遊牧とは農耕が不可能な乾燥地域や寒冷地域で、自然の牧草や水を求めて一定地域内を移動しつつ、家畜を飼育する農業である。ヒツジ、ヤギ、ウマ（モンゴル）、ヤク（チベット、ヒマラヤ地域）、ラクダ（西アジア）、リャマ・アルパカ（アンデス）、トナカイ（北極海沿岸など）がある。

a. ヤクの放牧

まず、インドのヒマラヤ地域に位置するアルナーチャル・プラデーシュ州で見たのは、**ヤク**の**放牧**（遊牧）である。この地域に住むのはチベット系の住民で、彼らはヤクを飼っている。ヤクはウシ科の家畜で、**チベット～ヒマラヤ**地域のみに分布する。

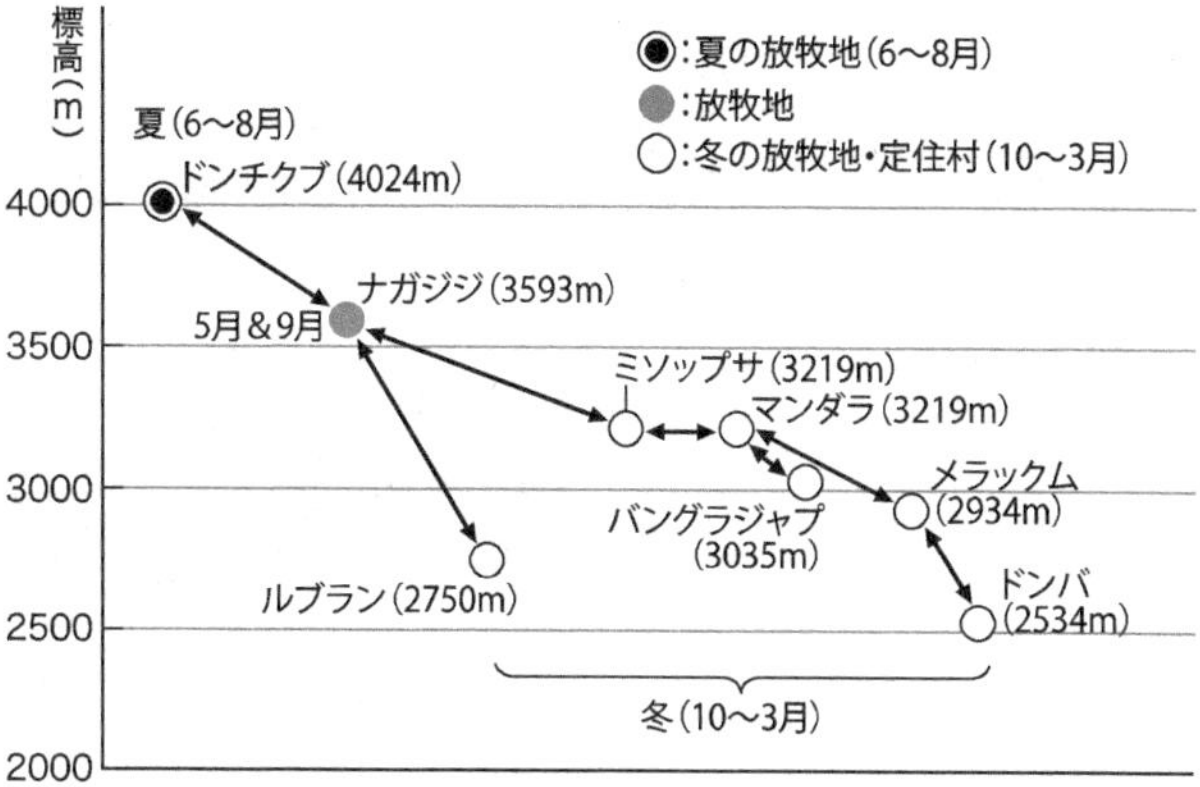

図１－３　インドのアルナーチャル・プラデーシュ州（アルナーチャル・ヒマラヤ地域）ディラン地方における放牧地と牧畜民の移動（水野 2012）

冬の10〜3月には標高２５００〜３５００ｍあたりの住居に住み、４月から草を求めて山を登り移動する。これはヨーロッパアルプスで見られる**移牧**の形態である。図１－３は、そのアルナーチャル・プラデーシュ州のディラン地方の放牧の移動を示している。たとえば、ドンバ村（２５３４ｍ）の牧畜民は冬の12〜4月をドンバ村で過ごし、４〜５月上旬にメラックム（２９３４ｍ）まで移動し、そこの出先小屋で数日から数週間過ごし、家畜に草を食べさせる。そして次にミソップサ（３２１９ｍ）とナガジジ（３５９３ｍ）のあいだの場所に出先小屋を建て、数日から数週間滞在し、最後にブータンとの国境付近であるドンチクブ（４０２

写真1－20　ヤクやゾをつれて放牧地を移動しているところ　牧畜民が担いでいるのはバターやチーズを作るための道具

4m）の夏の放牧地に移動し、6～8月まで夏の雨季の3ヵ月ほど滞在し放牧する。9月はじめに下りはじめ、少しずつ移動して冬の村まで戻ってくる（写真1－20）。出先小屋は丸太などを組んで建てるのだが、移動するときにはそれを倒してばらばらにし、その場所に置いておき、次回またそれを組み立てる。

各放牧地の土地は農耕民の**クラン**（氏族）や村落の所有地のため、年に1度、牧畜民はその地代を農耕民に払っている。このあたりの森林限界は標高4000mくらいのため、ドンチクブの放牧地以外は、樹皮を剥がして森林を人為的に枯らして放牧地をつくっている（かつてはリング状に樹皮を剥いで、そこにトリカブトの根の毒を塗っていた）。

ヤクのメスはブリと呼び、ヤクと高地牛の**交配種**であるゾのメスはゾモと呼ぶが、ブリやゾモの乳は区別されず同じ容器に搾乳されて混ぜ合わされる。容器に入っている乳を道具で攪拌すると、上部のクリームはバターになり、残りの乳はチーズになる（写真1－21）。これらのバターやチーズはシャクナゲの葉に包まれて売りに出される。

写真1－21　出先小屋の中でブリ（ヤクのメス）やゾモ（ヤクと高地牛の交配種であるゾのメス）の乳からバターやチーズを作るチベット系牧畜民

交配種のゾやゾモは、ヤクやブリより高い標高に適応できず、またウシよりは高標高に適応するため、両者の中間標高（2500～3500m）で利用される。

ヤクとブリは暑さや湿気に弱く、通常は標高3000～4500mで放牧される。ヤクやゾは荷物の運搬にも利用され、ヤクの肉は地域の重要な食料になっている。ただし、ゾの肉は食用として利用されない。また、樹木のないところではヤクの糞は乾かして燃料にする。森林地帯では燃料に薪を利用しているが、近年、森林保護のためにヤクの糞が見直されている（ヤクの放牧については、水野一晴著

『神秘の大地、アルナチャル―アッサム・ヒマラヤの自然とチベット人の社会』に詳しい)。

b. リャマ・アルパカの放牧

ヤクのように高標高で飼われる家畜に、南米**アンデス**の山岳地帯で飼われる**リャマ**と**アルパカ**がいる。ボリビアのラパス近郊では標高4000～5000mでリャマやアルパカが放牧されている。**牧畜民**はヤクのように季節移動せず、定住の住居周辺で**放牧**を行っている。リャマやアルパカは牧童が放牧に連れて行くわけでなく、勝手に家畜が採食のため草を求めて移動し、氷河の近くまで登っていく。夕方になってお腹がいっぱいになれば、家畜だけで牧畜民の住居まで戻ってくるが(写真1‐22)、お腹がいっぱいにならないと戻ってこないため、そのときは牧童が連れ戻しに行く。私が聞き取りをした牧童は学校に通っていなかった。リャマが餌として乾燥した草を好むのに対し、アルパカは湿った草を好むため(写真1‐23)、両者は別々に放牧されていることが多い。

リャマやアルパカは荷物の運搬や食肉として利用されるが、乳は利用されない。その点はほかの家畜であるウシやヤギ、ヒツジ、ヤク、ラクダなどと異なる点である。また、アルパカの毛はセーターなどの重要な原料となる(写真1‐24)。アルパカのセーターは羊毛のセーターに比べてかなり高価である。リャマとアルパカをいっしょに

写真1－22　リャマが放牧地から飼い主の家まで戻るところ（ボリビア・アンデス）　牧童がいなくても家畜だけで夕方帰って行く

写真1－23　アルパカ（ボリビア・アンデス）　リャマより湿った草を好む

放牧させないのは、牧畜民がそれらの交雑種を嫌うという理由もある。なぜなら、それらの交雑種の毛はアルパカに比べて質が悪くなり、また肉の量はリャマより減るためである。

リャマやアルパカの糞は乾かして燃料として利用される。私はラパス近郊の氷河周辺の植生を調査しているが、リャマやアルパカの放牧がかなりその植生分布に影響していると考えている（リャマやアルパカの放牧については、水野一晴編『アンデス自然学』にくわしい）。

写真1－24　ペルーのプーノからクスコ行きの列車の乗客に向けてセーターを売っている地元民　ペルーやボリビアではアルパカのセーターは重要な商品である

C．ヤギの放牧

私が調査しているナミブ砂漠の**季節河川**（**涸れ川**とか**ワジ**と呼ばれ、雨季の洪水時に毎年数日から数十日のみ水が流れる河川）沿いには、砂漠の中でそこだけ森林があり、点々と集落が立地している。集落の住民は牧畜民であり、ヤギの**放牧**を行っている。

ヤギはウシやヒツジに比べ乾燥地に適応している。放牧時にヤギは季節河川沿いの森林のアカシアなど、おもにマメ科樹木の葉やさやを食べる。何十頭ものヤギが毎日1列に並んで放牧に出かけ、戻ってくるが、牧童がいっしょにいる姿を見たことがない。1頭の訓練された犬がヤギの群れを統率し、行進する。私がヤギに近づくとものすごい勢いで犬がやってきて、吠えまくり、けっこう怖い。私が見た限り、ケニアやウガンダ、エチオピアなどのヤギ放牧には牧童がついていたが、ナミブ砂漠ではヤギ放牧に同行する牧童の姿を見たことがないのだ。

私のかつての指導学生である手代木功基さんはヤギ放牧と植生の関係をナミビアで調査していた。ヤギの首にGPSを取り付けて季節ごとの放牧ルートを調べた。それによれば、ヤギの放牧ルートは乾季と雨季で異なり、それぞれの季節に、ヤギの好む局所的に生育する植物種の分布が、ヤギの放牧ルートと大きく関係していた（詳しくは水野一晴・永原陽子編『ナミビアを知るための53章』を参照）。

日本では小笠原諸島でかつて導入されたヤギが野生化している。私のかつての指導学生である齊藤望美《さいとうのぞみ》さんは、小笠原父島において野生化ヤギと外来種のギンネム林の関係を調査した。それによれば、野生化ヤギの増加にマメ科植物のギンネムの分布が大きく関係しているという（詳しくは、水野一晴編『植生環境学―植物の生育環境の謎を解く』参照）。

家畜のうち、ヤギとヒツジは一見似ているが採食の仕方が大きく異なる。ラクダとヤギは木本《もくほん》植生を採食するブラウザー（browser 草木の芽や葉を食べる草食動物）で、ウシとヒツジは草本植生を採食するグレーザー（grazer 草を食べる草食動物）である。一方、ケニア北部は乾燥していて、草本植生は年二回の雨季の期間中のみにみられる。そのため、乾燥灌木草原と半砂漠草原には灌木が分布し、年間を通じて利用できる。ラクダは雨季に地ではヤギやラクダのようなブラウザーの放牧のほうが適している。ラクダは雨季に植物の枝葉から水分をとり、乾季でも14日おきに給水を受ければ生存できる。

地下水路のある農業

オアシス農業

乾燥地域の湧水地や外来河川沿岸の**オアシス**では、古くから灌漑によって自給用の小麦・トウモロコシや換金用のナツメヤシや果実、綿花などを栽培している。イランでは**カナート**、サハラでは**フォガラ**と呼ばれる**地下水路**が発達している。この地下水路は山麓の扇状地などを水源とし、乾燥地で蒸発量が多いため地下に設けられた。長いものは数十㎞に達し、途中に工事用あるいは完成後の修理・通風用の縦穴が地表からいくつも掘られている。

写真1－25　牛に鋤を引かせて水田を耕す牛耕を行っているところ（インド、アッサム）

モンスーンアジアで特徴的な自給的農業

アジア的稲作農業

夏の高温とモンスーンによる多雨（一般に1000㎜以上）を利用して、沖積平野を中心に稲作が行われている。東アジアでは灌漑設備が整い、耕耘機やトラクターを使うなどして集約的で**土地生産性**が高い。しかし、東南アジアや南アジアでは、牛に鋤《すき》を引かせて耕す牛耕など（写真1－25）技術水準が低く、また雨水だけに依存している天水田《てんすいでん》が多く、全体的に単位面積あたりの収量である土地生産性が低いため、1人あたりの収量である**労働生産性**も低い場合が多い。

自給的な畑作農業

アジア式畑作農業

アジア式畑作農業は、稲作地域周辺の年間降水量500〜1000㎜程度の地域に分布し、ヒエ、アワ、コムギ、トウモロコシなどの**自給用穀物**の栽培を主とする。

図1-4はインドのアルナーチャル・プラデーシュ州における、標高ごとの農耕の分布を示している。アルナーチャル・プラデーシュ州では、畑にコナラの落葉を蒔いて肥料としているが、高い標高ではコナラの樹木が生育できないため、高度2000〜2300mではトウモロコシのみを栽培し、コナラが生育できる標高の1790〜2000mでは、トウモロコシのほか、ソバやシコクビエ、1790m以下ではトウモロコシのほか、オオムギやシコクビエ（写真1-26）を作っていた。農耕ができない高標高地ではヤクの放牧が行われている。

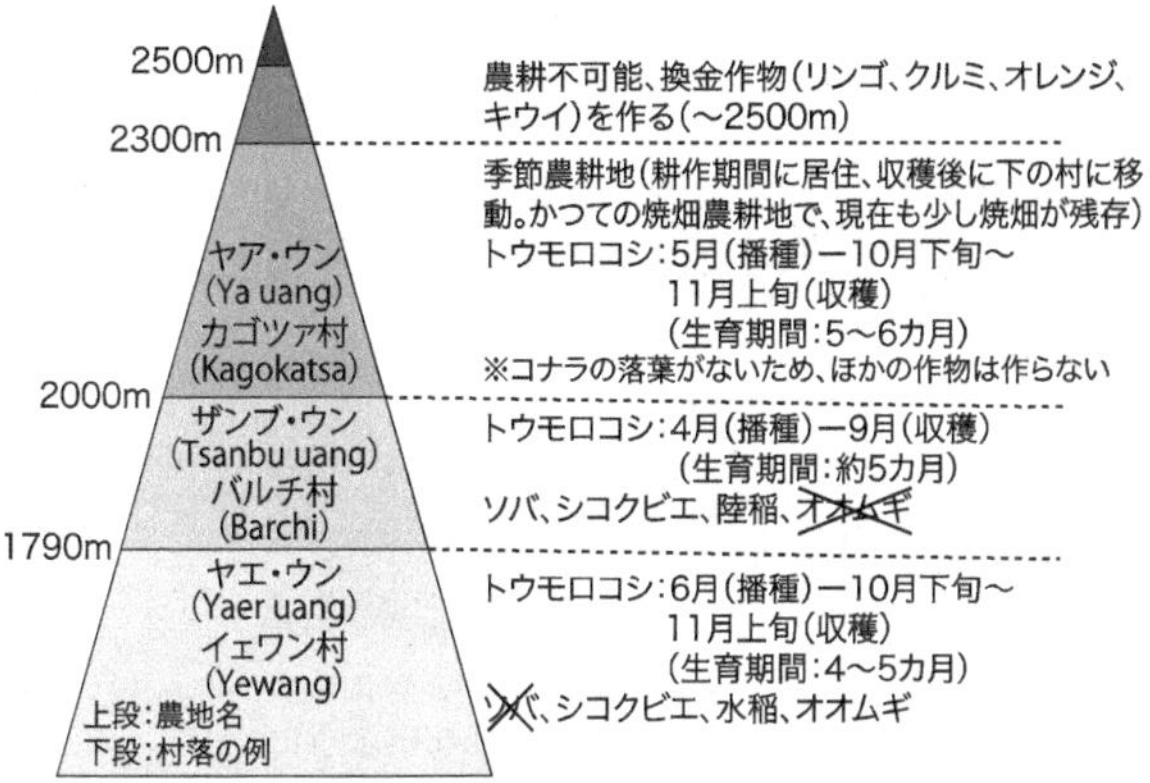

図1－4　インドのアルナーチャル・プラデーシュ州（アルナーチャル・ヒマラヤ地域）のディラン地方における標高による農業分布（水野 2012）

写真1－26　9月にシコクビエの収穫を行っているところ
（インド、アルナーチャル・プラデーシュ州）

テラス耕作が見られる農業

写真1－27　テラス耕作斜面に階段状のテラスをつくり、テラス前面は石を積み上げて崩れないようにしている。テラス上ではトウジンビエやシコクビエが作られている（カメルーン北部カプシキ地方）

粗放的定住農業

粗放的定住農業は**粗放的自給農業**に一部**商品生産**（カカオなど）が加わる農業で、アフリカでは典型的に見られる。急斜面を利用して畑作を行っていることが多く、**土壌侵食**を避けるため、**等高線**に沿って耕作をする**等高線耕作**が行われ、階段状に耕地を設けるテラス耕作（階段耕作）がよく見られる（写真1－27）。

1-2-3　ヨーロッパから発達した商業的農業

なぜマメ科作物を植えるのか？

混合農業

中世の北西ヨーロッパで耕地の地力消耗を防ぐために発達した**三圃《さんぽ》式農業**が、19世紀頃から休閑地に**根菜類**（てんさい、かぶ）や**牧草**（マメ科のクローバー）を導入して、**麦類**と**輪作**する**輪栽式混合農業**となり（図1-5）、**家畜**の飼育頭数も増加した。**混合農業**とは、**小麦**や**ライ麦**などの**食用穀物**と**エン麦**、**大麦**、**てんさい**、牧草などの**飼料用作物**を輪作し、その飼料用作物を使って牛や豚などの家畜を飼育する、**農作物**と家畜が混合する農業である。

同じ農地でずっと同じ農作物を作っていると農地の栄養分が少なくなり地力が低下する。そのため、地力を回復させるために休閑したり、小麦を作った翌年は牧草の**クローバー**（ツメクサ）や**アルファルファ**（ムラサキウマゴヤシ）などの**マメ科植物**を作るという輪作によって地力を高める。マメ科植物は根に**根粒菌**があって、その菌が空

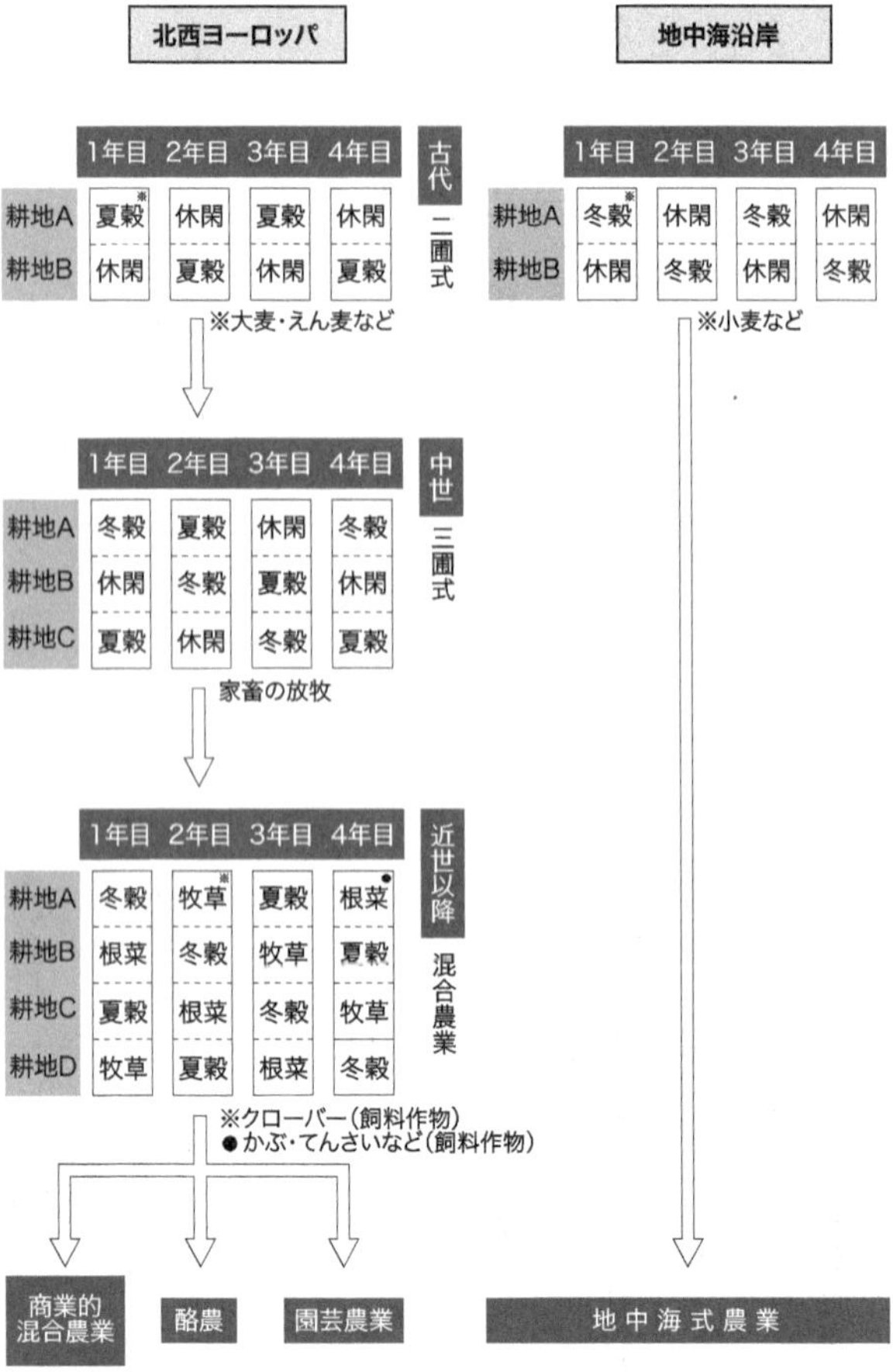

図1－5　ヨーロッパの農業の発展

中の**窒素**を根に固定するため、マメ科植物を植えると土壌中の養分となる窒素が増える。また、家畜を飼うことにより、その家畜が農地に糞をするため、栄養分が増えて地力が増す。その家畜から肉や**乳製品**が得られるため、効率のよい農業である。なお、クローバーの和名ツメクサ（詰草）は、江戸時代にオランダから医療器具などを輸入した際に、荷詰め用のクッション材として日本に渡来したことに由来する。

中世の**三圃式農業**では3年に1回、農地に作物を作らず**休閑地**にして地力の回復を図ってきたが（図1－5）、休閑にしているあいだは作物が作れず効率が悪かった。そこで近世以降、休閑地をやめてその代わりに**マメ科植物**である**牧草**を植えて地力を回復させ、その牧草は家畜のエサとした。牧草地では放牧によって家畜が糞をするために土地が肥える。4年に1回、かぶやてんさいなどの根菜類を作り飼料作物となるが、これらの根菜類は根が地中深くまで伸び、土地を耕す効果もある。

私が子供の頃、日本にはよく畑に肥《こえ》だめがあった。若い人は知らないかもしれないが、肥だめは農家などから出た糞尿を井戸のように地面に掘った穴や地面に埋め込んだ大きな水瓶に貯蔵し、高温発酵させて寄生虫卵や病原菌を死滅させて、下肥《しもごえ》という堆肥《たいひ》にするものである。私が子供の頃に従姉妹と畑で遊んでいて、従姉妹が肥だめに落ちて、全身肥だらけになったことがある。アフリカの農民に「日本ではかつて人の糞尿を農地にまいていた」というと、「え――。人間のうんこを農地にまくなんて、

写真1－28　フランス・アルザス地方の農家（愛知県犬山市のリトルワールド）　この家はムギとトウモロコシ、ジャガイモの耕作、牛の飼育、ブドウ栽培を行っていた農家である

なんて野蛮なんだ」とたいていゲラゲラ笑い出す。

アフリカでは一般に農地には家畜の糞しか投入しないので、人間の糞尿を農地にまくと聞くとびっくりするのだ。日本では江戸時代の江戸などの大都市では、近郊の農民が町家の糞尿を購入し、その糞尿を用いて堆肥を生産していた。それは、当時の深刻な都市問題であった人間の**廃物処理問題**を解決する有効な手段であった。世界で農地に人糞を肥料として投入してきた国は、日本やアジアの一部の国に限られている。

混合農業の典型的な農家は、愛知県犬山のリトルワールドに移築されたフランス・**アルザス**地方の家で見ることができる。この家はムギとトウモロコシ、ジャガイモの耕作、牛の飼育、ブドウ栽培を行っている農家で（写真1－28）、家の敷地内の母屋にはパン焼き窯、ワイン貯蔵庫があり、牛小屋とヒツジ小屋もある。１５８２年から１９８５年まで9代にわたって住まわれた家のようだ。アルザス地方はフランスとドイツの国境地帯にあり、フランスとドイツのあいだで戦争のたびに併合が繰り返された土地である。１８７３年に出版されたアルフォンス・ドーデの短編小説集『月曜物語（Contes du Lundi)』の一編「最後の授業」で日本でもよく知れ渡っている地方である。

リトルワールドは15年かけて世界の民家が移築・復元された博物館的テーマパークで、世界の料理や衣装、踊りも体験できる。明治時代の建物や鉄道が移築されている明治村と世界のサルが集められている日本モンキーセンターとともに、学術的にも貴重で娯楽としてもとても楽しめる、地理学や民族学、海外旅行好きの人にはたまらない場所である。リトルワールドやモンキーセンターの設立にはずいぶん京都大学が関わってきた。京大の霊長類研究所（現ヒト行動進化研究センター）が犬山にあるのもそのためである。

写真1－29　ナイロビ近郊の温室内で作られているバラ

分化・専門化した農業

商業的混合農業、酪農、園芸農業

ヨーロッパでは19世紀後半に新大陸から安い穀物が大量に流入したため、農業は**商業的混合農業**、**酪農**、**園芸農業**に分化・専門化した。当初は穀物栽培を主とする自給的混合農業だったのが、家畜飼育に重点が移り、市場への商品（農作物や畜産物）供給が主体の商業的混合農業へと移行し、北西ヨーロッパやアメリカ合衆国のコーンベルト、アルゼンチンのパンパなどで発達した。

酪農は飼料作物を栽培しながら乳牛を飼育し、生乳やバター、チーズなどの乳製品を出荷する農業である。穀物栽培に適さない高緯度や山岳地の冷涼地域、かつて大陸氷河に覆われていた痩せた土壌の北海やバルト海、五大湖沿岸などで酪農が行われている。また、生乳生産は新鮮さが重要で、また重量が重く輸送コストがかかるため、大市場の近接地にも酪農が分布する。

園芸農業は新鮮な野菜、果樹、花卉《かき》を都市へ出荷するために行われる農業である（写真1－29）。都市近郊は地価が高いため、狭い土地に多くの資本や人、技術を投入して多くの利益を上げる**集約的農業**となっている。大都市近郊で行われる**近郊農業**と、輸送の発達とともに温暖な気候を利用した促成栽培や、冷涼な気候を利用した抑制栽培などの輸送園芸（遠郊農業）が拡大した。店に並ぶ量が少ない季節に出荷すれば高い価格でも売れ、輸送費がかかっても採算が合うからだ。

この穀作、酪農、園芸地帯の分布は、市場からの距離によって形成されるというチューネンの理論がある（図1－6）。この理論によれば、地代（土地の単位面積あたりの純収益）は、市場価格で計算した単位面積あたりの収益から生産費と輸送費を差し引いたものとして計算される。いま、園芸と酪農と穀作の地代（純収益）を比較すると、園芸は**集約的**で生産費は高いが**土地生産性**も高いため、地代水準は高くなる。逆に穀作は粗放的で薄利であり、酪農は両者の中間になる。一方、距離

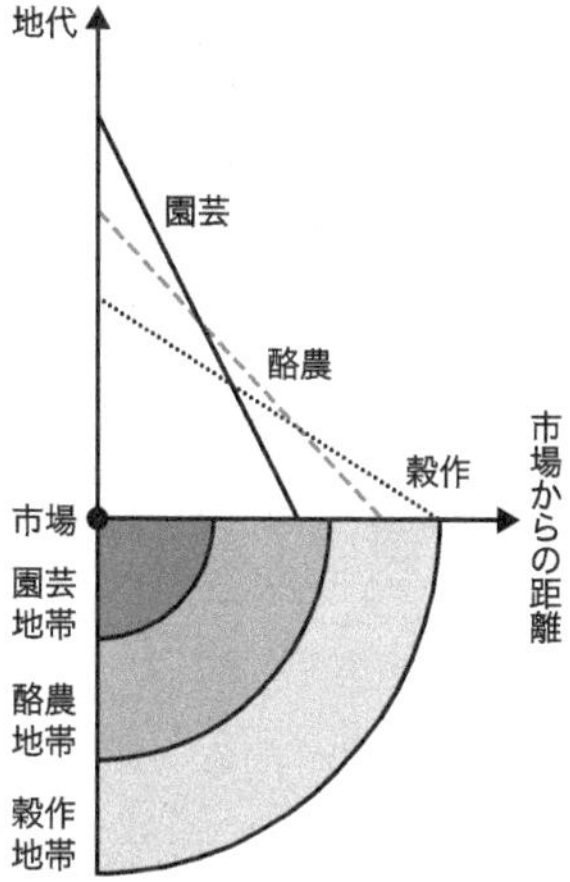

図1－6　農業地域の分布と市場からの距離（チューネンの理論）

あたりの輸送費は穀物、乳製品、園芸作物の順に高くなっていくから、園芸の地代（純収益）は都市から遠ざかるにつれて急速に低下していき、やがて酪農のほうが有利になる。同様に、さらに遠方では穀作が有利になり、市場である都市を中心として同心円的な農業地帯の分化が起きる。

地中海式農業

整然としたブドウ畑

地中海式農業は夏は乾燥し、冬に雨が降るという**地中海性気候地域**で行われている農業であり、夏は換金用の耐乾性樹木作物であるオリーブ、ブドウ、コルクガシなどを栽培する。湿潤な冬は自給用の小麦などを栽培する。家畜は乾燥に強い羊やヤギを飼育する。夏は低地が高温乾燥で牧草が枯れてしまうため、夏でも涼しくて牧草が青々としている高地の牧場（アルプ）で放牧し、冬は低地で舎飼いする移牧も発達している。アルプスやイタリアのアペニン山脈、スペイン中央部のメセタで見られる。

アニメの「アルプスの少女ハイジ」は高地の牧場が舞台である。

犬山のリトルワールドに見られるイタリア半島南部、プーリア州アルベロベッロ郊外の家では、地中海性気候の風土の中、牛を飼いながらオリーブなどの果樹を栽培する農家のようすが見られる。住居の床、壁、天井、屋根がすべて近くで採れる石灰岩を材料にしている石造りの家である（写真1－30）。このようなとんがり帽子の屋根がいくつもある石造りの家をトゥルッリと呼んでいる。地中海沿岸には石灰岩が分布するため、その土壌も**石灰岩**が風化した**テラロッサ**が分布している。古生代後期～新生代に古地中海とも呼ばれる**テチス海**が存在し、その海域の生物の遺骸によって生成した石灰岩が、現在の地中海沿岸には広く分布しているのである。

写真1－30　イタリア半島南部、プーリア州アルベロベッロ郊外の家（リトルワールド）

同じ地中海性気候の**ケープタウン**付近には**ブドウ**農園が広がっている（写真1－31）。10年以上ナミビアで調査している私は、無関税でナミビアに入ってくる南アフリカ共和国産のワインを飲むのを楽しみにしている。私や調査仲間のあいだで最も人気のある銘柄が

写真１－31　地中海性気候のケープタウン付近に広がるブドウ畑　南アフリカ共和国はワイン輸出国である

「Nederburg」なのだが、なぜか日本の酒屋ではあまり見かけない。ナミビアではポピュラーな銘柄なので、酒屋ではかならず何種類も置いてある。最近、仲間が日本の酒屋で「ネダバーグ」という銘柄で売っているのを見つけてびっくりしたと言っていた。たしかに、ネットで検索するとNederburgは「ネダバーグ」として出てくる。しかし、現地では聞いたことがない。あくまでNederburgはネーデルブルクである。南アフリカ最大の都市であるJohennesburgをオランダ語、ドイツ語、アフリカーンス語的読み方をすれば「ヨハネスブルク」であるが、英語読みすればジョハネスバーグである。Nederburgを英語読みして「ネダバーグ」としているのだろうが、すごく違和感がある。日本の高校で使う地図帳はJohennesburgを、両者ごっちゃにして「ヨハネスバーグ」としているが、なんとかならないものだろうか（けっして現地でこういう読み方はしない）。

1-2-4　新大陸・熱帯の企業的農業

企業的牧畜

広大なフェンスで囲む大農場

企業的牧畜とは**肉牛**や羊などを**大牧場**で飼育し、肉類や羊毛などを商品化している農業で、19世紀後半の**冷凍船**の就航により発展した。

大西洋岸の砂漠地帯と北部地帯を除けば、ナミビアの大半の土地は人口の約6％にしかすぎない白人の**大農場**によって占められている。私がナミビアで一番驚いたのは、1枚の大きさが約70×100cmの100万分の1のナミビア地図に、その大農場の世帯主の名前がすべて記入されていることだ（図1-7）。日本では各市区町村別の冊子になっている1500分の1か3000分の1の住宅地図に各世帯の世帯主の名前が入っているが、ナミビアでは全国がたった1枚の地図に白人経営の大農場の世帯主の名前をすべて入れることができるくらい、大農場が広大ということだ。その広大な農場はすべて境界が柵で仕切られ（写真1-32）、たくさんの牛が飼われている。また

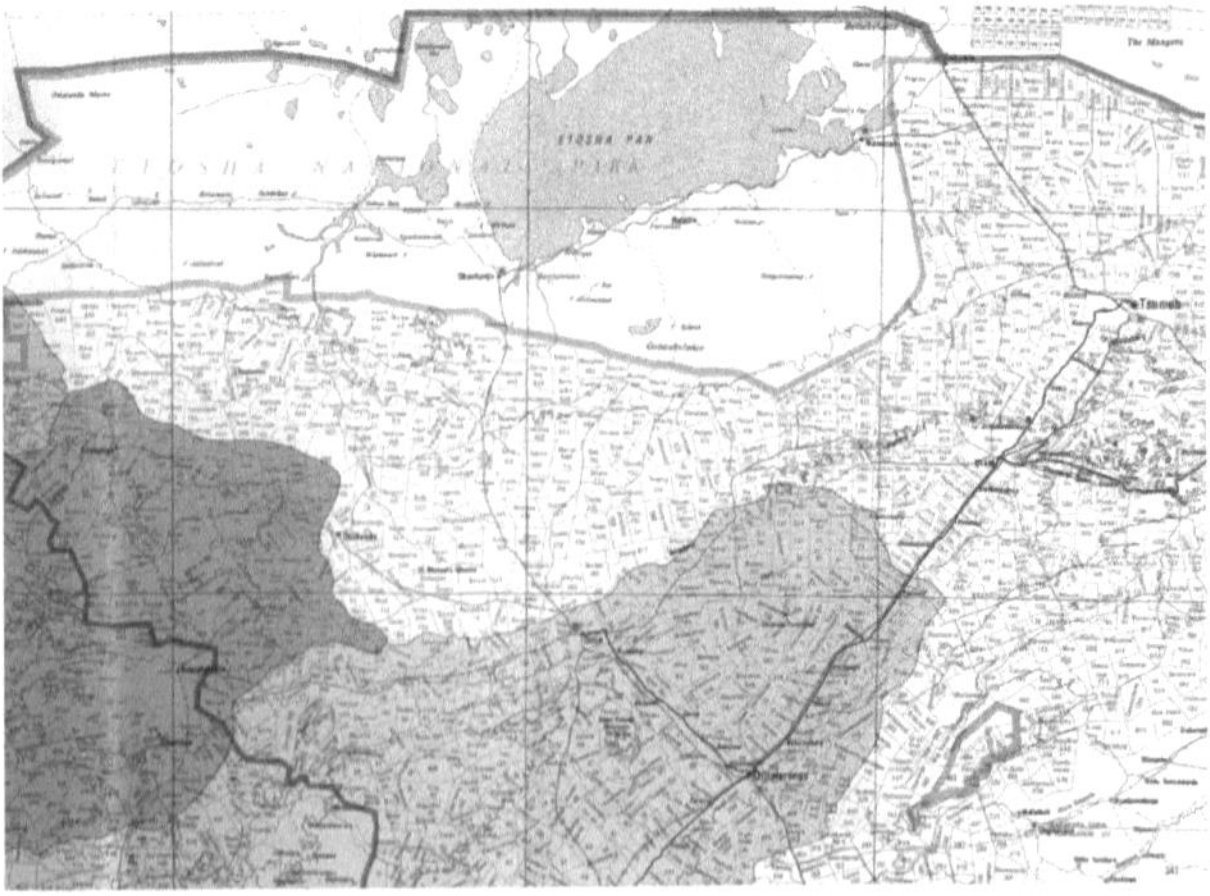

図1－7　100万分の1のナミビア地図に見られる白人の大農場の所有地（Surveyor-General より）　各大農場は1辺が数km～数十kmで、日本の住宅地図のように地図に世帯主の名前が入っている。名前が入っていなくて白抜きの地域は野生動物保護のための国立公園

写真1－32　ナミビアに見られる牛の大牧場
各農場は1辺が数km～数十kmにわたる柵で囲まれている

農場内には風車でくみ上げる井戸の塔がある。

ナミビアの道路はランクによってB、C、Dと区分され、幹線道路のB1やB2の道路は農場の境界を走っているが、舗装されていないDの道路になると大農場を横断している。道路が柵を通過する場所には扉が付いていて、通常開けっ放しになっているが、たまに世帯主が鍵をかけている場合がある。私が以前車で20㎞くらい走ったところで扉に鍵がかかっていたことがあって、また20㎞戻らなくてはならず、それ以来、Dの道路はなるべく走らないようにしている。

ナミビアは南半球にあるため、北ほど暑く降水量が多い。ナミビアの北部のみがマラリア危険地域で、そこが黒人の居住地域になっている。その北部は半農半牧地域で、牛も飼われているが、北部と中・南部のあいだでは家畜の感染症の伝播を防ぐという名目で牛の移動が制限されてきた。両者のあいだにはレッドラインと呼ばれる防疫フェンスが築かれていて、北部の家畜は検疫を受けなければならない。その境界を車で通過する際には、肉製品を持っていないか警察によって荷物のチェックが行われ、人は車から降りて、靴をはいたまま消毒液の中を歩かされる（消毒液の中を歩くのは最近廃止された）。

つまり、北部の黒人居住地域の家畜の病気が中南部の白人の大農場の家畜に感染しないように徹底管理されているのだ。この背景にはかつての**アパルトヘイト**による**人**

種隔離政策が大きく影響している。大農場の牛は主として食肉のために飼われている。ナミビアでは干し肉がよく売られていて、かつてはナミビア旅行のお土産として重宝したが、近年は日本の空港では海外の干し肉の持ち込みが禁じられている。

飛行機から見える円形の農場

企業的穀物農業と在来の伝統的農業

南アフリカ共和国（以下、南ア）の中に、**ドラケンスバーグ山脈**を南アとの国境にしている**レソト王国**という小さな山岳国がある。このレソトはソト語を話すソト人からなる、人口密度の高い国である。レソトの山地斜面には、多くの世帯の狭い耕作地が等高線に沿ってたくさん分布し、トウモロコシやコムギが栽培されている（写真1－33）。レソトの東部山岳地帯は南北に縦断できる道路がなく、一度南ア側に出て、南ア国内を移動して再度レソトに入国しなくてはならない。山道を車でどんどん東に向かって上っていくとドラケンスバーグ山脈の山稜にいたり（写真1－34）、そこにレソト側の税関がある。そこで出国の手続きをして、そのドラケンスバーグ山脈の壁のような急斜面を下ると南ア側の税関があり、そこで入国手続きをする。この急斜面を雪が積もる冬に下るのはかなりの恐怖を感じる。

そして、しばらく車で走ると、大型スプリンクラーで水を撒いている広大なトウモロコシ畑がはるか遠くまで広がるのを眼にする。これは、**センターピボット**といい、

写真1－33　レソトに見られる伝統的な農業のトウモロコシ畑

写真1－34　ドラケンスバーグ山脈　急崖が上方のレソトと下方の南アフリカ共和国の国境をなし、農業形態がここで大きく変わる

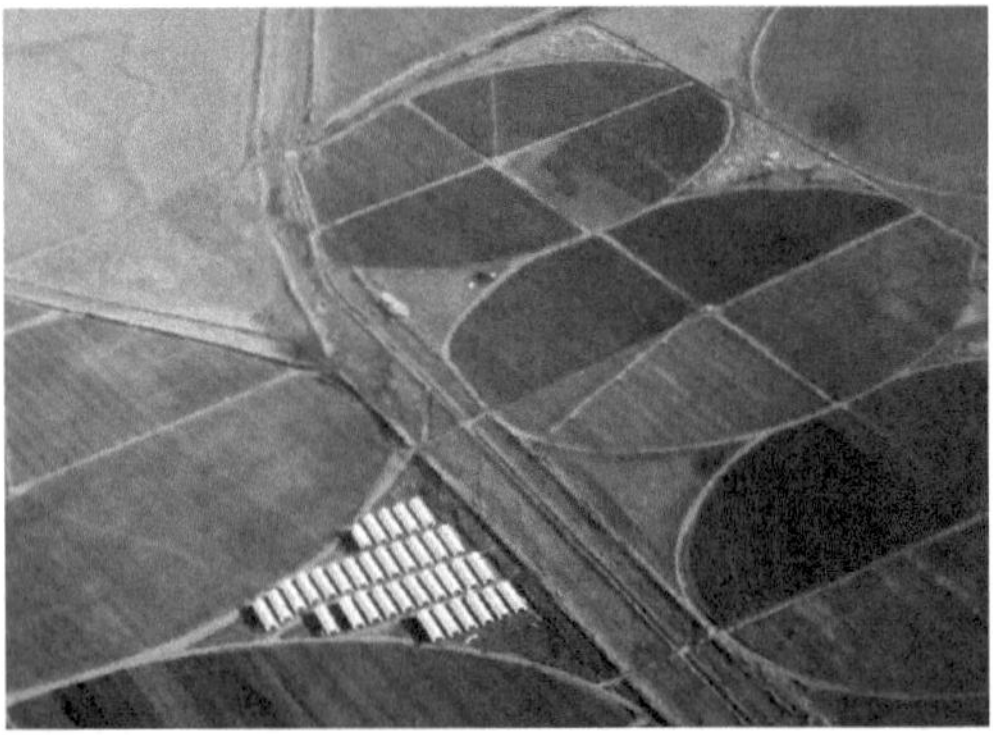

写真1－35　空から見たセンターピボットによる農地
（南アフリカ共和国）

地下水をポンプで汲み上げ、360度回転するパイプから散水して灌漑を行うのだ（写真1－35）。比較的降水量の少ないアメリカ合衆国やオーストラリアなどの新大陸でよく見られる。センターピボットや、トラクター、コンバインなどの大型機械を導入し、少ない人手で大規模に、粗放的な農耕を行って大きな収穫を得ている南アの企業的穀物農業と、狭い山地斜面を鍬や鋤を使って人手をかけて耕作するレソトの集約的な在来農業との、農業形態の格差に驚かされる。

　センターピボットの農場は思わぬところで見かけることがある。アフリカからヨーロッパに飛行機で移動する際、サハラ砂漠にセンターピボットによる円形農場が見られたが、砂漠に忽然と現れる円形の模様は異次元を思わせた。

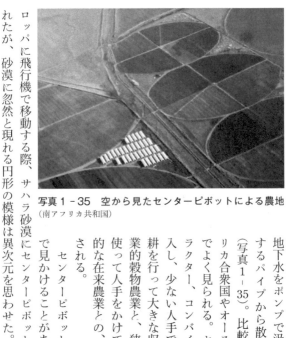

バナナはなぜ安いのか？

プランテーション

かつて鶴見良行著『バナナと日本人』という本がベストセラーになった。この本では、フィリピンのミンダナオ島で、デルモンテ、ドール、チキータのブランドのそれぞれデルモンテ、キャッスル＆クック、ユナイテッド・ブランズという米国系企業およびバナンボのブランドの住友商事によって、バナナの大規模な**プランテーション**が行われていることが明らかにされている。同書によれば、消費者が日本で支払うバナナ購入代金のうち74％は港から八百屋までの日本国内の流通に落ち、26％が海外に送金されるという。農家が受け取るのは購入代金のうち8％で、4分の3を前借りの穴埋めに天引きされるため、実際に受け取るのは2％ほどだという。つまり、主婦がスーパーで200円のバナナを買ったら、そのうちの4円しか農家には入らない。26％と8％の差の18％が外国企業に入ることになり、それが四つの企業、とくに米国系3社が押さえていて、その取り分は非常に大きい。

私が子供の頃は、バナナといえば台湾バナナであり、収穫の季節にしか店頭に並ばず、とても甘くておいしい高級な果物であった。それが知らぬ間に、一年中店頭に並

写真1－36　コーヒー園（ケニア）

び、あまり甘いとは言えないが、とにかくきわめて安い果物になった。発展途上国から物価の高い日本に来た留学生は、バナナと牛乳、卵、食パンで食事を済ませることが多い。この四つは、物価の高い日本においてもお手頃価格の食料だからだ。食パンはパン屋でパンの耳を買えば、袋にたくさん入っていてとても安い。

ケニアのヴィクトリア湖に近いケリチョ（42頁写真1－8）や インドの**アッサム**には広大なお茶畑が広がり、たくさんの女性がお茶を摘んでいる姿を見かける。これらの地域では、リプトン（現在はユニリーバに吸収され、さらに売却予定あり）などの**多国籍企業**の**アグリビジネス**によって大規模な**プランテーション**が経営されている。ケニアもインドも、もともとイギリスの植民地時代に、イギリス人が資本を投下し、現地の安い労働力を使って大農園を経営し、大量生産された農作物を欧米先進国に輸出してきた。耕作にある現地の住民がその農作物を消費するわけではなく、輸出用の**商品作物**として作られる。それらの農作物は**バナナ**や**パイナップル**、**コーヒー**（写真1－36）、**カカオ**、お茶など熱帯性作物であり、その地域の気候や土壌に適する農作物だけを作るモノカルチャー（単一耕作）である。そのため、その**モノカルチャー経済**は、その農作物の**国際取引価格**に大きく左右される（図1－8）。

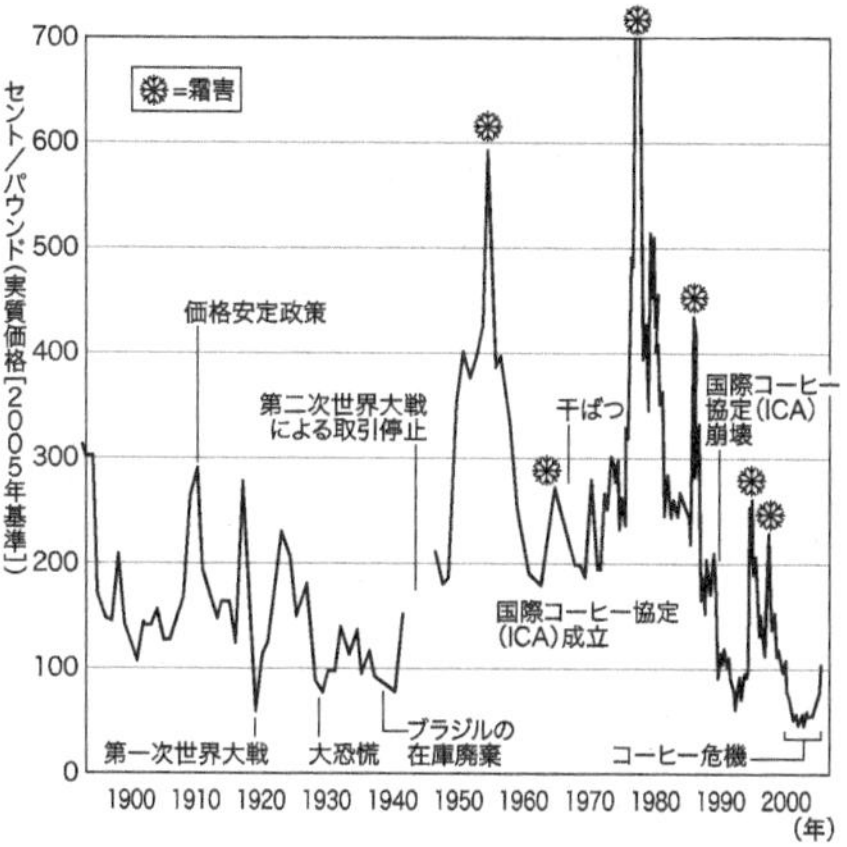

図1－8　コーヒー生豆の国際価格（ラティンジャー&ディカム 2008）

また、現地の住民が古くから作ってきた農作物が**嗜好品**であるこれらの商品作物に置き換わるため、現地住民たちは食料を現金で購入することが多くなる。また、干ばつに強い**キャッサバ**などの在来の農作物が商品作物に置き換わったことにより、近年の異常気象時の食糧不足ももたらす事例も生じてきた。

大農園と中庭を囲んだ大邸宅

大土地所有制の類型

大土地所有の類型は次のとおり。

エステート：東南アジアのイギリス人経営の農園で、天然ゴム、お茶、アブラヤシなどを栽培している。

ファゼンダ：ブラジルの大農園でコーヒー、サトウキビ、綿花などを栽培する。労働者をコロノという。

エスタンシア：アルゼンチンの農牧場で、家畜の世話をする人を**ガウチョ**という。

アシエンダ：南米のスペイン系諸国における農園であるが、メキシコでは1917年以来の土地改革で解体され、農地は農民に再分配されて、**エヒード**（共有地）を形成している。ペルーのアシエンダの領主の邸宅が犬山のリトルワールドで復元されている（写真1－37）。庭を囲んだ大邸宅で、部屋はそれぞれヨーロッパから輸入した豪華な家具で飾られ、スペイン人領主の支配力がうかがえる。南米は多くがカトリックであるため、邸宅内にはカトリックの礼拝堂も見られる。

写真1－37　ペルーのアシエンダの領主の邸宅（リトルワールド）

室内の様子

世界のどこでもパターンは決まっている

各地域の農業分布

各地域の**農業分布**について、アングロアメリカを例に図1－1を使いながら述べてみる。ほかの地域も基本的には図1－1と世界の気候区を示す図1－2（22－23頁）が頭に入っていれば理屈は同じである。図1－9のアングロアメリカの農業地域の分布図を見ると、アメリカ合衆国のど真ん中に年降水量500㎜の線が入っている。この500㎜ラインより西側が500㎜以下で乾燥、東に行くにつれて降水量が増える。図1－1で500㎜以下は牧畜になっている。農作物を作るには降水量が500㎜以上必要であり、500㎜以下であれば牧畜を行うしかない。そのためこの500㎜ラインより西側は、**放牧地帯**すなわち肉牛を飼う**企業的牧畜地帯**となる。ただし灌漑を行えば農作物を作ることも可能だ。

図1－1のナツメヤシが採れる場所はあくまで乾燥地帯のオアシスに限定されている。降水量の500㎜ラインより少し東に行けば、降水量が500㎜より少し多くなる。図1－1に従えば、降水量が500㎜より少し多くて気温が温暖であれば**綿花**、冷涼であれば**小麦**である。とくに冬が寒い地域では冬を越さない**春小麦**となる。図1

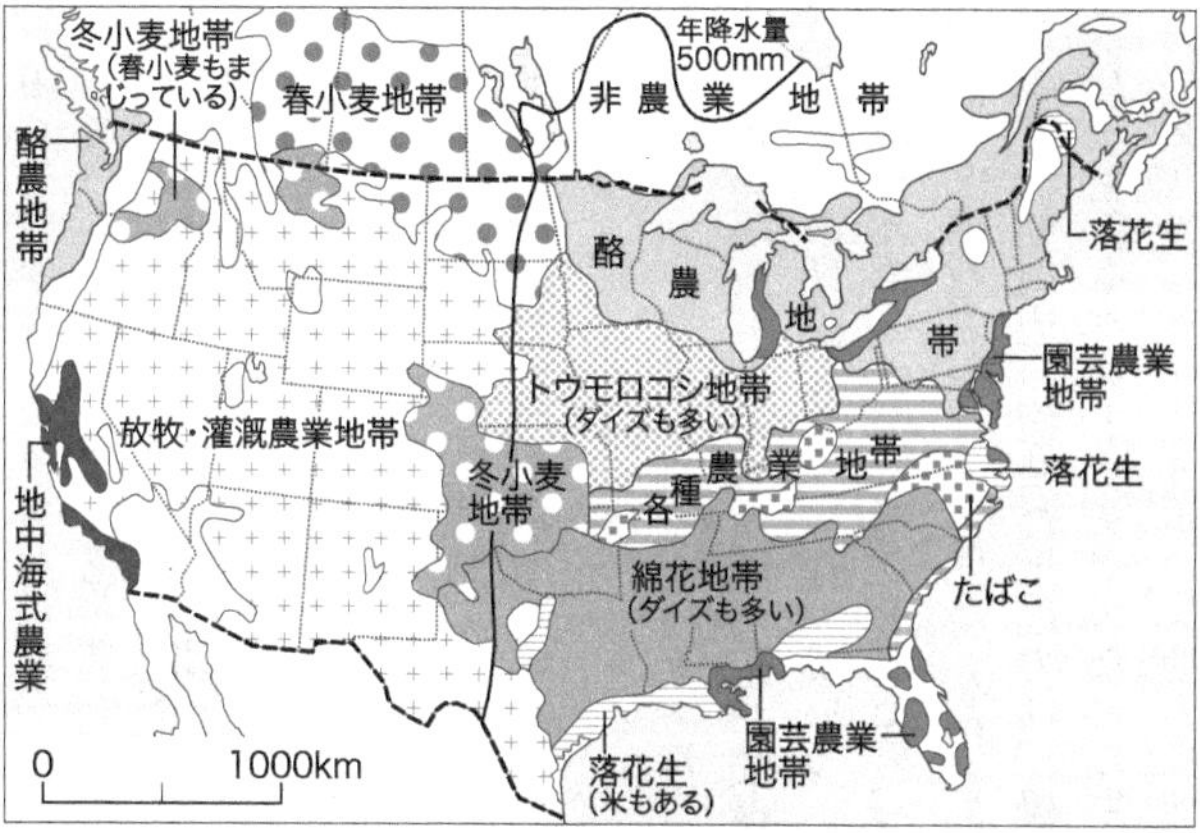

図1－9　アングロアメリカの農業地域

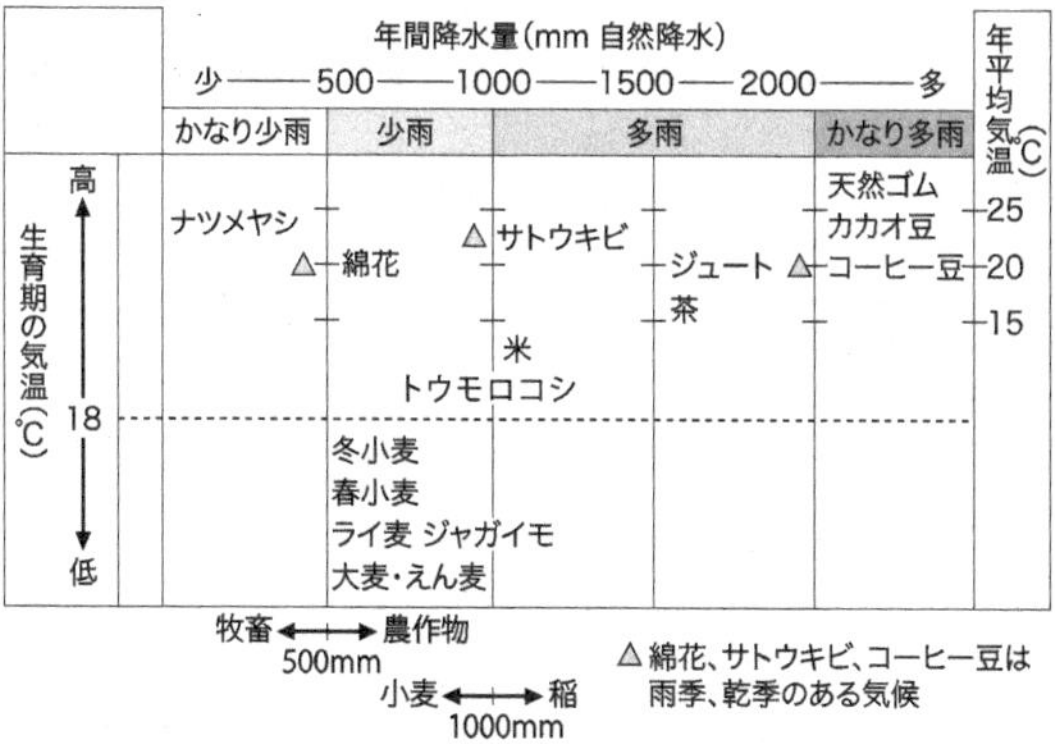

※アブラヤシは天然ゴムとほぼ同じ、落花生は綿花とほぼ同じ、
ダイズがこの図にないことに注目!

図1－1　農作物の栽培条件 (水野 1996)

なっている。ただし、綿花地帯では**連作障害**を抑制するために、土壌の窒素固定を促すマメ科の**ダイズ**も植えて、地力の向上を図っている。

図１－１で綿花や小麦よりもう少し降水量が多いところに適するのは**トウモロコシ**だ。また、トウモロコシは綿花よりは気温の低い場所となっている。図１－９の農業分布を見ると、たしかに小麦や綿花が５００㎜ライン上でも生産されているが、トウモロコシはラインより東側に分布し、また、綿花地帯よりも北側、すなわち気温が綿花地帯より低い場所になっている。トウモロコシ地帯でもダイズを作り地力回復を図っている。

また、ニューヨークやボストンなどの大都市近郊では**園芸農業**が分布し、次に大都市に近い場所である五大湖周辺で**酪農**が行われている。これは図１－６（89頁）のチューネンの理論どおりになっている。五大湖は氷河湖であることから氷河時代には氷河に覆われていた場所だ。そのため、氷河が流れたときブルドーザーのように地表の腐植（土壌の表層の黒い部分）をはぎ取った。腐植には栄養分があるため、腐植の少ない五大湖周辺の痩せた土地では、農作物を作るより家畜を飼うほうが適している。また、生乳やバター、チーズなどの生鮮食料品は大都市に近いほうが適している。

アメリカのカリフォルニア地方は地中海性気候のため、ブドウ栽培などの**地中海式**

農業が主体となっている。それでカリフォルニアワインは有名だ。アメリカとカナダ国境付近の太平洋岸はバンクーバーやシアトルなどの大都市があるため**酪農**地帯となっている。フロリダ半島は温暖なため、**促成栽培**でオレンジやグレープフルーツなどを栽培する**遠郊農業**の園芸農業を行っている。このように図1－1の各農作物栽培条件を理解していれば、世界の農業分布はいとも簡単に把握できるのだ。

2 人種・民族・言語・宗教

2－1 人種

人種差別ほどいやなものはない

人種

人類は一般に**ヨーロッパ人種**（コーカソイド）、**アジア人種**（モンゴロイド）、**アフリカ人種**（ニグロイド、ネグロイド）、**オセアニア人種**（オーストラロイド）の四つに区分される。人類は、約700万年前（最近の説では800万年前）にアフリカで誕生し、猿人から原人、旧人、新人へと移行し、地域の気候環境を受けて人種が形成されていった。

紫外線が強い東アフリカでは、紫外線を吸収する役割を果たす**メラニン色素**が多いアフリカ人種が人類の祖先であったことになる。紫外線は骨の発育に不可欠なビタミンDを体内に生成するが、人類の祖先がアフリカから他地域に移住したとき、多くのメラニン色素で紫外線が吸収され、クル病などのビタミンDの欠乏症に苦しめられたことが想像される。

一般に眼の色というと瞳孔のまわりの虹彩の色を示すが、アフリカ人やアジア人に多い濃褐色はメラニン色素が多く、逆にヨーロッパ人に多い青や緑、灰色の虹彩はメラニン色素が少なく、それぞれの気候環境の影響を受けている。

淡い色の虹彩を持つ人は日照の強い地方において、虹彩の隙間から光線が硝子体《しょうしたい》に入り込み、網膜上に映る映像をぼかしてしまう。そのため、青や灰色の眼の人は紫外線の強い山岳地や海、熱帯などではまぶしくて目が開けられないので、サングラスが欠かせないのである。その点、日本人は眼が褐色なので、天気のよい日の雪面などを除けば、サングラスなしで過ごすことができる。金髪、青眼、白肌が揃うとブロンディズムと呼ぶが、これはストックホルムを中心として同心円状に分布していると言われている。

アフリカの人は、大きくサハラ以北のコーカソイド（ヨーロッパ人集団）とサハラ以南のニグロイド（アフリカ人集団）の二つの人種的集団に分けられる。一部、マダガスカルには数千年前よりはじまったニグロイドとモンゴロイドの混血がいる。アフリカ人集団の中では、**コイサン**、次いで**ピグミー**が遺伝的にほかの集団と離れている。

アフリカ南部に住む**サン**（**ブッシュマン**）（写真2－1）とアフリカの森林に住むピグミー（写真2－2）は、アフリカ人集団の中でも純粋な狩猟採集民である。サンはボツワナやナミビアのカラハリ砂漠やアンゴラ南部に分布し、サンと形態的に類似する**コイ**（**コイコイ**とも言う）はナミビア南部に住み、牛の牧畜を行っているが、この両者をあわせて民族学的にコイサンと呼び、独立の人種として扱われている。コイサン語族の特徴はクリック音（吸着音、舌打音）の存在である。サンは古くは南部アフ

写真２－１　カラハリ砂漠に住む比較的低身長の狩猟採集民サン（ブッシュマン）の女性　ボツワナ政府により動物保護区以外への定住化が進められ、サンの人々の生活環境は大きく変わった

写真２－２　コンゴ民主共和国、カメルーン、ウガンダなどのアフリカの熱帯林に住む狩猟採集民のピグミーの人たち　身長が150㎝以下と低い

リカから東・中央アフリカにかけて広く分布していたが、バントゥ語族の南下および白人の侵入により大半は絶滅して、現在はカラハリ砂漠にのみ残存する。

私のかつての指導大学院生であった芝田《しばた》篤紀《あつき》さんは、ナミビアの国立公園の中にあるサンの人々の村に住み込んで調査していたが、彼のコラム「国立公園で暮らすサンの人々」（水野一晴・永原陽子編『ナミビアを知るための53章』）によれば、現在のサンの人々は狩猟や採集が制限され、生活環境は大いに変化してきたが、足跡から動物の種類を判断したり、動物を追跡したりする能力にはいまだ驚かされるものがあるという。

サハラ以南の一般に黒人と呼ばれるアフリカの人は、黒い皮膚、縮れた頭髪、突き出た口部と厚い唇などの共通な身体的特徴を持つが、東アフリカのサバンナに住む高身長の集団（たとえば**マサイ**）と西アフリカの森林地帯の比較的低身長の集団とのあいだにはかなりの差異が見られる。ケニアからタンザニアの半乾燥地に住む遊牧民のマサイの人々は、比較的高身長で赤い布をまとっている。マサイの人々は居住域が国立公園や動物保護区にあたるため、両国から定住化政策が進められているが、本来遊牧民である彼らの生活は大きな影響を受けている。

アメリカには**WASP**（**ワスプ**）という言葉がある。WASPとは、White Anglo-Saxon Protestant の略称で、アングロ・サクソン系の白人で、プロテスタントの人を指す。アメリカは独立後まもない1790年の国勢調査のときに、全人口の約80％が白人で、その61％がイギリス系であった（猿谷 1994）。この頃ワスプの条件を備えた人がアメリカの政治、経済で主流となっていた。その後、19世紀末から20世紀初めにかけて南欧や東欧からの非アングロ・サクソン系の移民が急増した。

ワスプは長らくアメリカのエリートの必要条件と言われてきた。アメリカ最高のエリートであるアメリカ大統領は長年ワスプから選出されてきたが、初めてワスプでない大統領が誕生したとき世間は驚いた。第35代アメリカ合衆国大統領ジョン・F・ケネディは、アイルランドからの移民、いわゆるケルト系のアイリッシュでカトリック教徒であり、アングロ・サクソン系でもプロテスタントでもなかった。現在までカトリック教徒の大統領はケネディとバイデンのみである。第44代アメリカ大統領のバラク・オバマは父親がケニアのルオ民族、母親がカンザス州出身の白人である。ルオ民族は、ケニアにおいて最大人口のキクユ民族に対し4番目の人口であるが、キクユとルオは長年対立しており、ケニア人を父に持つアメリカ大統領の誕生は、ケニア人の誇りではあるものの、キクユ政権にとっては単純に喜べない面もあった。

人種差別ほどいやなものはない。人間の能力ではなく、単に、肌の色だけで差別されるのだ。タンザニアのザンジバル島（写真2－3）はかつて**奴隷貿易**の中継地であった。ザンジバルの歴史については富永智津子著『ザンジバルの笛』に詳しい。アフリカ人が奴隷としてイスラーム世界に運ばれたのはサハラ・ルートで、10〜15世紀を最盛期として総数622万人にのぼった。一方、紅海とインド洋ルートで運ばれた数は、19世紀を最盛期として総数330万人で、その最大の奴隷市場がザンジバル島にあった。ザンジバルの重要な輸出品であるクローブの収穫に奴隷は不可欠だったのである。1886年のザンジバルの人口推計によれば、ヨーロッパ人およびゴア出身のインド人キリスト教徒2000人、インド人7500人、アラブ人4000人、ザンジバル人3万人、解放奴隷2万7000人、奴隷14万人である。1873年にザンジバルはイギリスと奴隷売買を止める条約を結び、その日にザンジバルの奴隷市場は閉鎖された。その後、その場所には大聖堂が建てられたが、地下には当時の牢獄などがいまでも残っている。

写真2－3　ザンジバル島のストーン・タウン（旧市街地）

　ザンジバルの中心は、2000年に世界遺産にも登録されたストーン・タウンであるが、このストーン・タウンの中にはかつてジャパニーズ・バーがあった（写真2－4）。19世紀末から１９２０年代までがジャパニーズ・バーが繁栄した時期で、１９００年頃から１９２０年代まではつねに10人近くの日本人女性が娼婦として働いていた。彼女たちの多くは長崎、島原、天草の出身であり、「からゆきさん」として最初にシンガポール、その後ザンジバルまでやって来ている。最初にザンジバルに「からゆきさん」がやって来たのは１８９１～９５年頃である。大阪商船が１９２６年にアフリカ東岸線の定期航路を開き、ザンジバルも寄港地になったため、ジャパニーズ・バーは日本船の来航で賑わった。その最大の顧客が船員だったのである。白石（１９９５）によれば、ザンジバルには当時、イギリス、ドイツ、フランス、ポルトガル等の客船や貨物船が定期的に来航し、１９２０年代にはバーが五つ

写真２－４　ストーン・タウンの中で1920年代に繁盛したジャパニーズ・バーの跡　遠く日本から来た「からゆきさん」たちが働いていた

あったが、そのうちジャパニーズ・バーは英国バーとともに最も繁盛していたという。

セネガルのゴレ島にもかつての奴隷収容所が残っている。ゴレ島は首都ダカールの沖合3㎞に浮かぶ東西300m、南北900mの小島である（写真2－5）。16～19世紀にアフリカ各地から奴隷がこの島に集められ、ここからサトウキビやコーヒーの収穫者として新大陸に送り出された。ポルトガル、オランダ、イギリス、フランスと引き継がれ、ザンジバル同様にアフリカ最大の奴隷基地だった。最盛期は18世紀で、新大陸に2000万人がここから送られたと言われている。1776年にオランダ人によって建てられた奴隷の家（La Maison des Esclaves）は2階建てで、1階に150～200人ほどの奴隷が6畳くらいの小部屋に15～20人ずつに男、女、子供、少女などに分けられて鎖でつながれ、2階には白人の奴隷商人

写真2－5　セネガルのダカールの沖合にあるゴレ島
統治国であったフランスが1815年に廃止するまで奴隷貿易の拠点であり、かつての奴隷収容所が残っている

が住んでいた。ここからボートで奴隷船に運ばれるが、途中で海に飛び込んで自殺する者もいた。奴隷船には積めるだけの奴隷が詰め込まれ、奴隷男性1人に与えられた空間はわずか奥行き180cm、幅40cm、高さ78cm、女性は奥行き175cm、幅40cm、高さ78cmであった。

かつてヨーロッパに露骨な人種差別をする航空会社があった。日本の旅行会社で飛行機の予約をしたとき、社員から、「この飛行機に乗った日本人のお客さんが露骨な人種差別をされたため航空会社に苦情を伝えてほしいと言われているので、注意してください」と言われた。日本からパリまでは問題はない。問題はパリからアフリカまでである。

パリの空港に3時間前に行ったがすでに長蛇の列。やっと自分の番が来たが、預け荷物が規定重量をオーバーしているため、支払所に行って課徴金を払うように言われた。スーツケースをチェックインカウンターに置いたまま、支払所に行くとここも長蛇の列で、カウンターは2ヵ所しか開いていない。時間を気にしながらじっと待っていると、信じられないことが起きたのだ。後から来た人でも、白人であれば優先的に受け付けているのである。じっと並んでいるのはアフリカ人とアジア人のみ。一人の中国人がカウンターのスタッフと割り込んだ白人に大きな声で文句を言ったが、まったく受け入れられる気配はなかった。

その後も白人は並ばずして先に受け付けられていた。けっきょく、支払いを終えるまで1時間以上かかり、出発まで1時間しかない。慌てて、チェックインカウンターに戻った。窓側の席を希望したが満席とのことで、通路側も満席というので、けっきょく真ん中の席になった。飛行機に乗ってびっくり。窓側と通路側は白人、真ん中の席は有色人種ときれいに区分されていた。偶然かもしれないが、このような偶然は過去この1度だけである。

パリから日本へ帰るとき、隣に座っていた日本人女性と話していたら、彼女の友人がパリの日本大使館に勤めていて、日本人からの苦情の多くはこの航空会社の人種差別だという。10年以上前の話なので、現在は改善されていることを期待するが、人種差別は一度経験すると、どんなにいやなことかわかる。

私にはアフリカの人と結婚した友人がたくさんいる。彼らの大きな悩みは、日本の学校で彼らの子供が「黒人」とか「くろんぼ」とからかわれ、差別されることだ。当事者の子供や親はどんなに傷つくことだろうか。人種にかかわらず、差別はけっしてあってはならないことなのだ。最近、陸上競技や野球などでアフリカ人と日本人の両親を持つ高校生たちが活躍する姿を見るがとてもうれしい。彼らのような若者がどんどん活躍すれば、そのような偏見や差別も少なくなっていくのではないかと期待している。

私が長年調査をしてきたナミビアは、1884年にドイツの保護領に編入され、1920年には南アフリカ連邦による国際連盟の委任統治領になり、1945年に南アによって一方的に領土に編入された。1960年に黒人解放を目指した南西アフリカ人民機構（SWAPO）が結成され、1966年に武力闘争を開始し、1990年に独立を果たした。南アフリカ共和国で約2割の白人によって**人種隔離政策**の**アパルトヘイト**が行われていたように、ナミビアでも長年の南アフリカ共和国の支配のもと、約1割の白人によってアパルトヘイトが実行されてきた。図2－1は、ドイツ植民地主義によってつくり出された居留地を示している。ドイツ植民地行政府は、ドイツ・ナミビア戦争（1904〜08年）でナマ人、ヘレロ人を破ったあと、それぞれの共同体用に**居留地**をつくることにより、ナミビアの住民を分離支配する体系的な政策を推し進めた。さらに、1960年代にはじまった**ホームランド**への強制移住の影響などを受けて（図2－2）、ナミビア人は、出身民族に応じてそこに住むことを強要され、有益な土地があるナミビア中部や南部の中心地域は、白人農場主によって占有されることになったのである。粗悪な土地がアフリカ人にあてがわれたため、このような地域の小作農は1970年代後半にはじまったような下ばつによって大きな打撃を受けることになる。

そもそもホームランドとは、南アフリカ共和国において黒人の部族ごとにつくられ

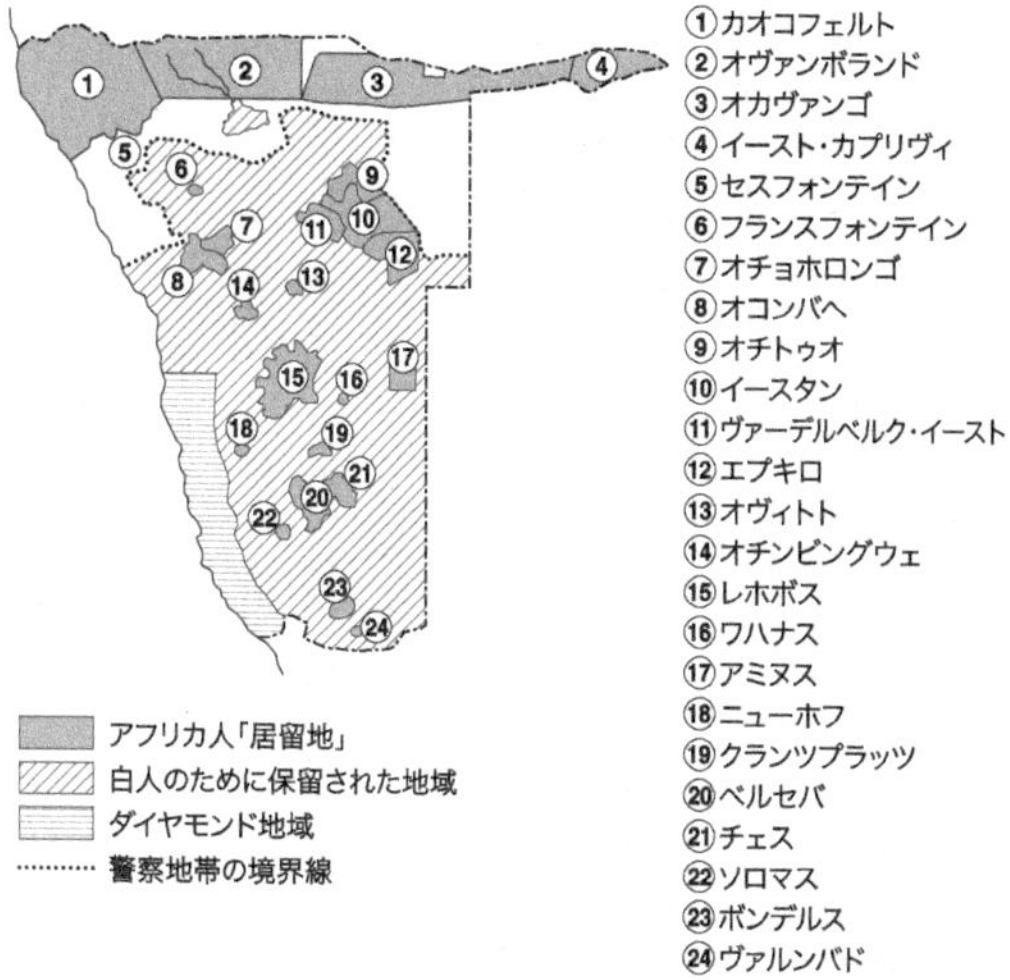

図2－1　ナミビアにおける「居留地」の創出（メルバー 1990）

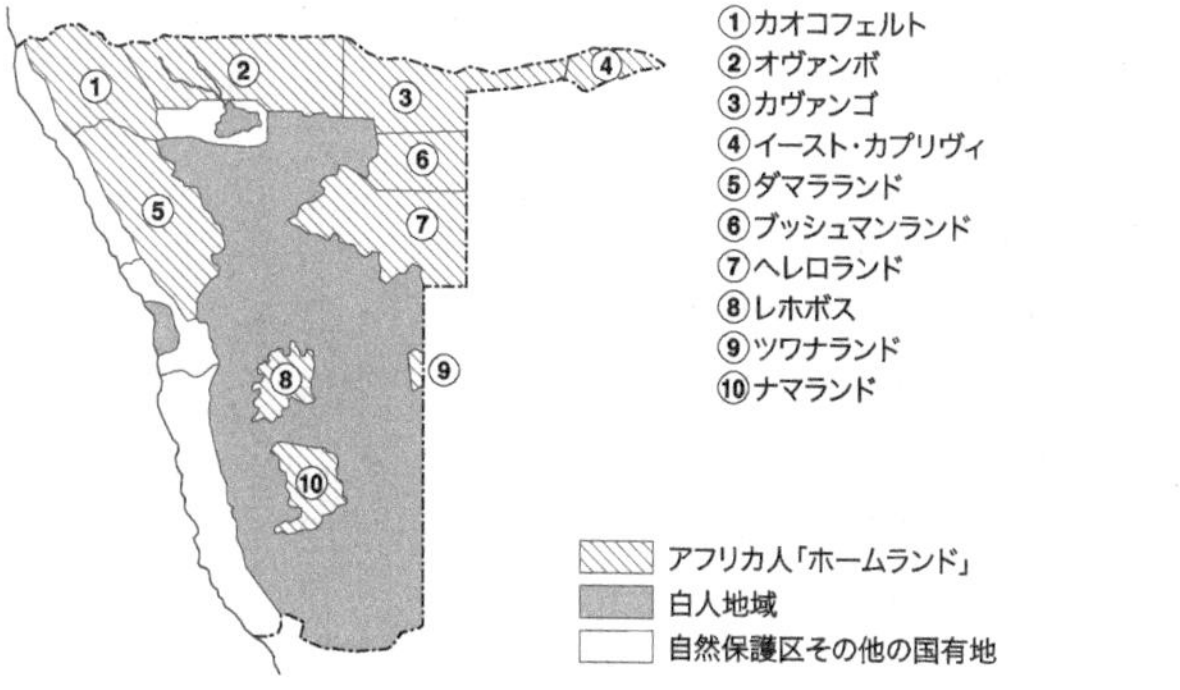

図2－2　ナミビアの「ホームランド」の構成と分布（メルバー 1990）

た自治地域で、その意図はそれぞれのホームランドを南アから独立させて外国にしてしまうというものである。これによって、南アで働く黒人は外国人の季節労働者となってしまい、労働者としての権利も社会福祉の保障も奪われてしまう。1910年の南アフリカ連邦成立後、1913年の原住民土地法の制定以降、黒人の所有できる土地は指定の居留地に限られ、人口の8割以上を占める黒人は国土のわずか13%しか持てなくなってしまったのである。

ナミビアでは現在も、6200万haの農地のうち4100万haが白人の開拓移民によって柵で囲まれ牧畜が行われている商業的農地となっており（94頁図1－7）、アフリカ人（黒人）の共有地である伝統的農地はわずか2100万haにすぎない。国土の60%近くが植民地政府によって開拓移民のために保有されていたのである。ナミビアには約6000の商業的農地があり、これらの農地は3000haから8000haの広さがある。農地の面積は南部で大きく、南部から北部に行くにつれ小さくなっていく。アフリカ人の共有地は植民地以前には牧畜地帯ではなかった粗悪な農地を利用しなければならないことが多かった。

ナミビアの首都、ウィンドフックでも白人居住地帯である高級住宅地（写真2－6）と黒人居住地帯のカトゥトゥラ（Katutura）（写真2－7）では、住居が大きく異なっている。カトゥトゥラのマーケットでは、肉が売られていて、その場で焼いてく

写真２－６　ナミビアの首都、ウィンドフックでの白人居住地帯である高級住宅地

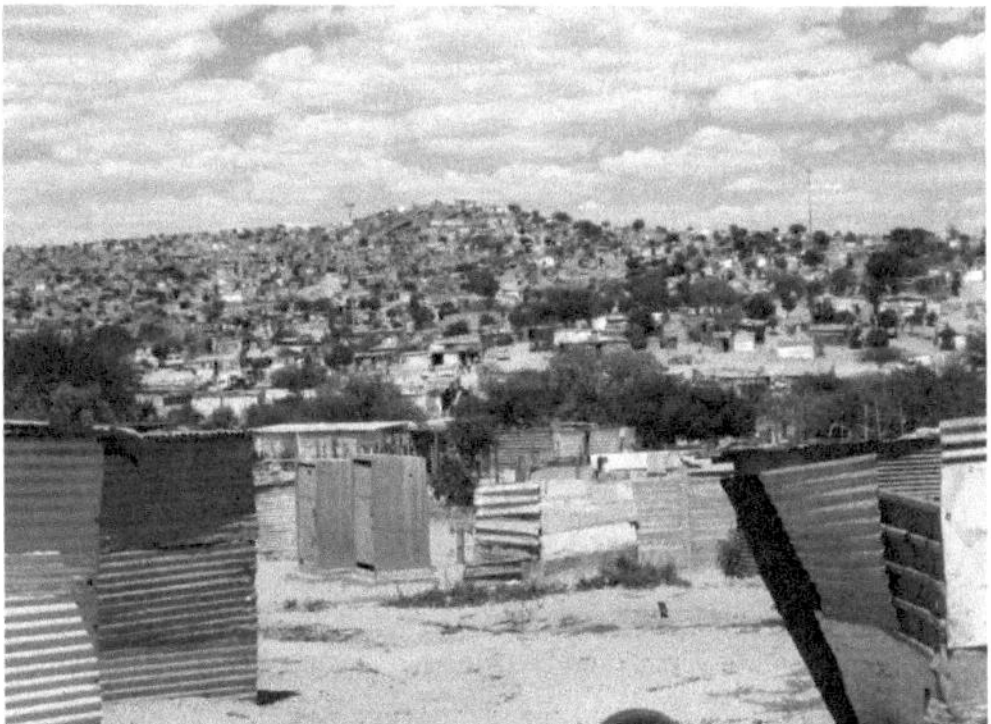

写真２－７　ウィンドフックの黒人居住地帯であるカトゥトゥラ（Katutura）

れる。また、地方に行くミニバスの発着所があり、居住者のためのさまざまな店が並んでいる。

2−2　民族・言語

民族の分類

民族は何を基準に分類されるのか？

民族の分類には言語、風俗、習慣などさまざまな文化による基準があるが、よく使われるのは**語族**である。世界にはおよそ7000種の言語があるとされているが、それらを言語系統に分類したのが語族である。図2−3に示すように世界の言語は約20に体系化できる。ヨーロッパで話されている言語はほとんどが**インド・ヨーロッパ諸語**に入る。同じゲルマン系の言語である英語とドイツ語は、言語の根幹をなす基礎的な単語のうち、58・5％が同系であるとされている。スウェーデン語、デンマーク語、ノルウェー語にいたっては、方言以下の訛り程度の差で、どの言葉で話してもお互いはほとんど理解されるのである。

本節では、オーストロネシア語族やインド・ヨーロッパ語族など主要民族グループについて取り上げ、また、アフリカやインド、中国など一つの国にいろいろな民族を抱える国に注目し、その問題点を探ってみたい。

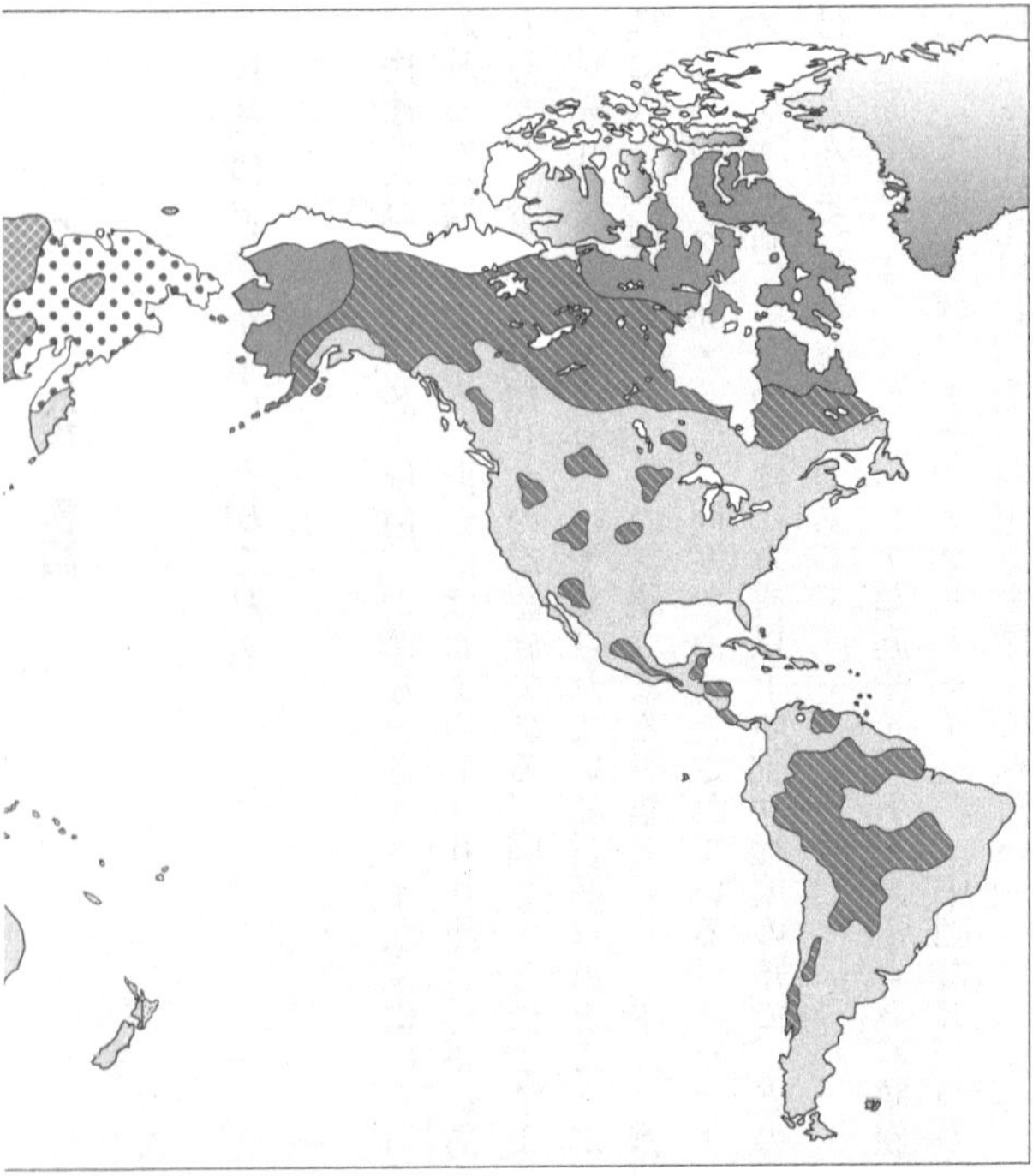

11 インド・ヨーロッパ諸語
12 コーカサス諸語
13 バスク語
14 アフロ・アジア諸語
15 ナイル・サハラ諸語
16 ニジェール・コンゴ諸語
17 コイサン諸語
18 フィン・ウゴール諸語
19 エスキモー・アレウト諸語
20 アメリカ先住民諸語

1 日本語
2 朝鮮語
3 アルタイ諸語
4 シナ・チベット諸語
5 オーストロネシア諸語（マライ・ポリネシア諸語）
6 パプア諸語
7 オーストラリア諸語
8 前アジア諸語
9 南アジア諸語
10 ドラヴィダ諸語

図2－3－① 世界言語マップ（橋本 1984）

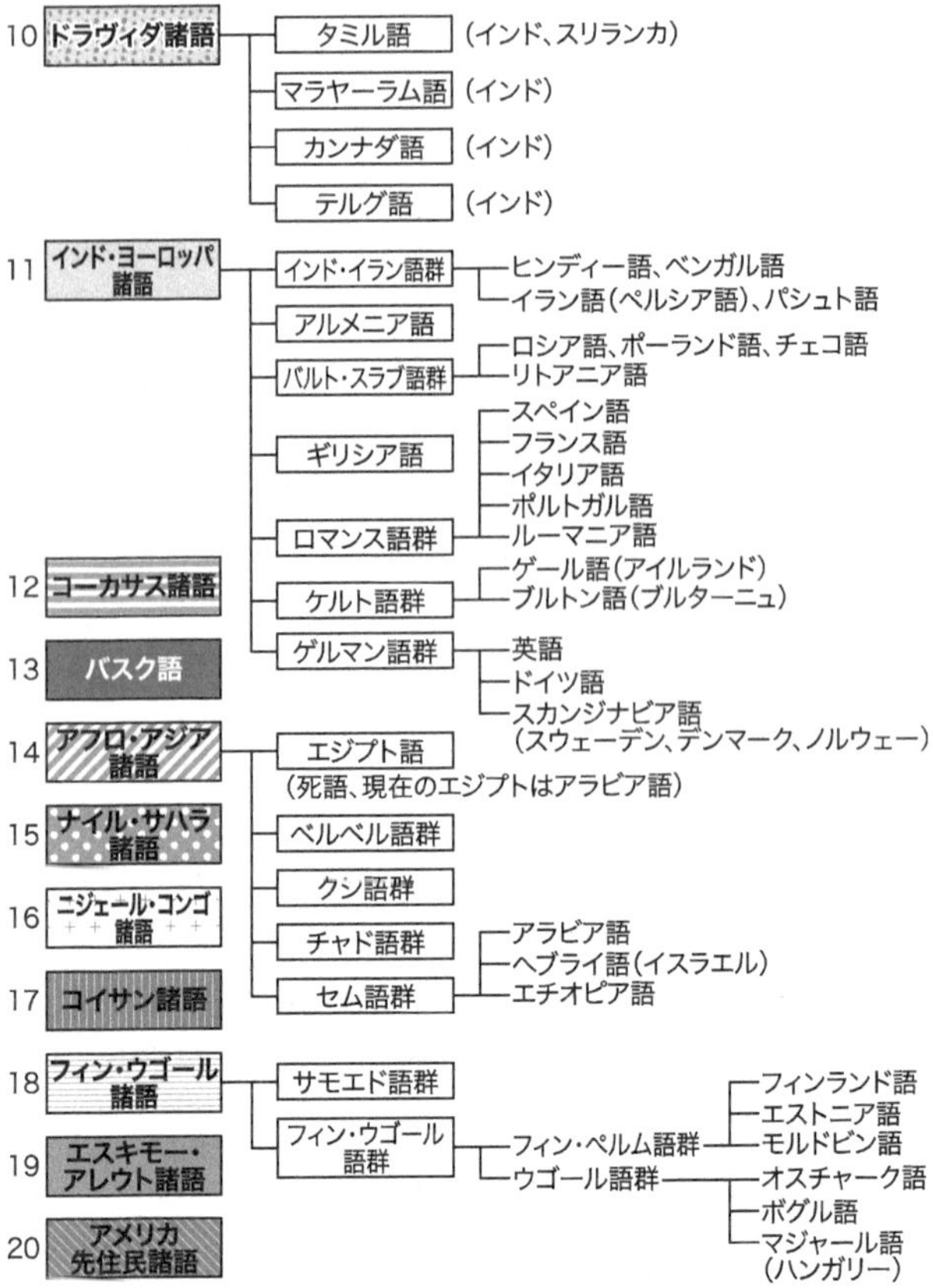
10 ドラヴィダ諸語
タミル語 (インド、スリランカ)
マラヤーラム語 (インド)
カンナダ語 (インド)
テルグ語 (インド)
11 インド・ヨーロッパ諸語
インド・イラン語群
ヒンディー語、ベンガル語
イラン語(ペルシア語)、パシュト語
アルメニア語
バルト・スラブ語群
ロシア語、ポーランド語、チェコ語
リトアニア語
ギリシア語
ロマンス語群
スペイン語
フランス語
イタリア語
ポルトガル語
ルーマニア語
ケルト語群
ゲール語(アイルランド)
ブルトン語(ブルターニュ)
ゲルマン語群
英語
ドイツ語
スカンジナビア語
(スウェーデン、デンマーク、ノルウェー)
12 コーカサス諸語
13 バスク語
14 アフロ・アジア諸語
エジプト語
(死語、現在のエジプトはアラビア語)
ベルベル語群
クシ語群
チャド語群
セム語群
アラビア語
ヘブライ語(イスラエル)
エチオピア語
15 ナイル・サハラ諸語
16 ニジェール・コンゴ諸語
17 コイサン諸語
18 フィン・ウゴール諸語
サモエド語群
フィン・ウゴール語群
フィン・ペルム語群
フィンランド語
エストニア語
モルドビン語
ウゴール語群
オスチャーク語
ボグル語
マジャール語
(ハンガリー)
19 エスキモー・アレウト諸語
20 アメリカ先住民諸語

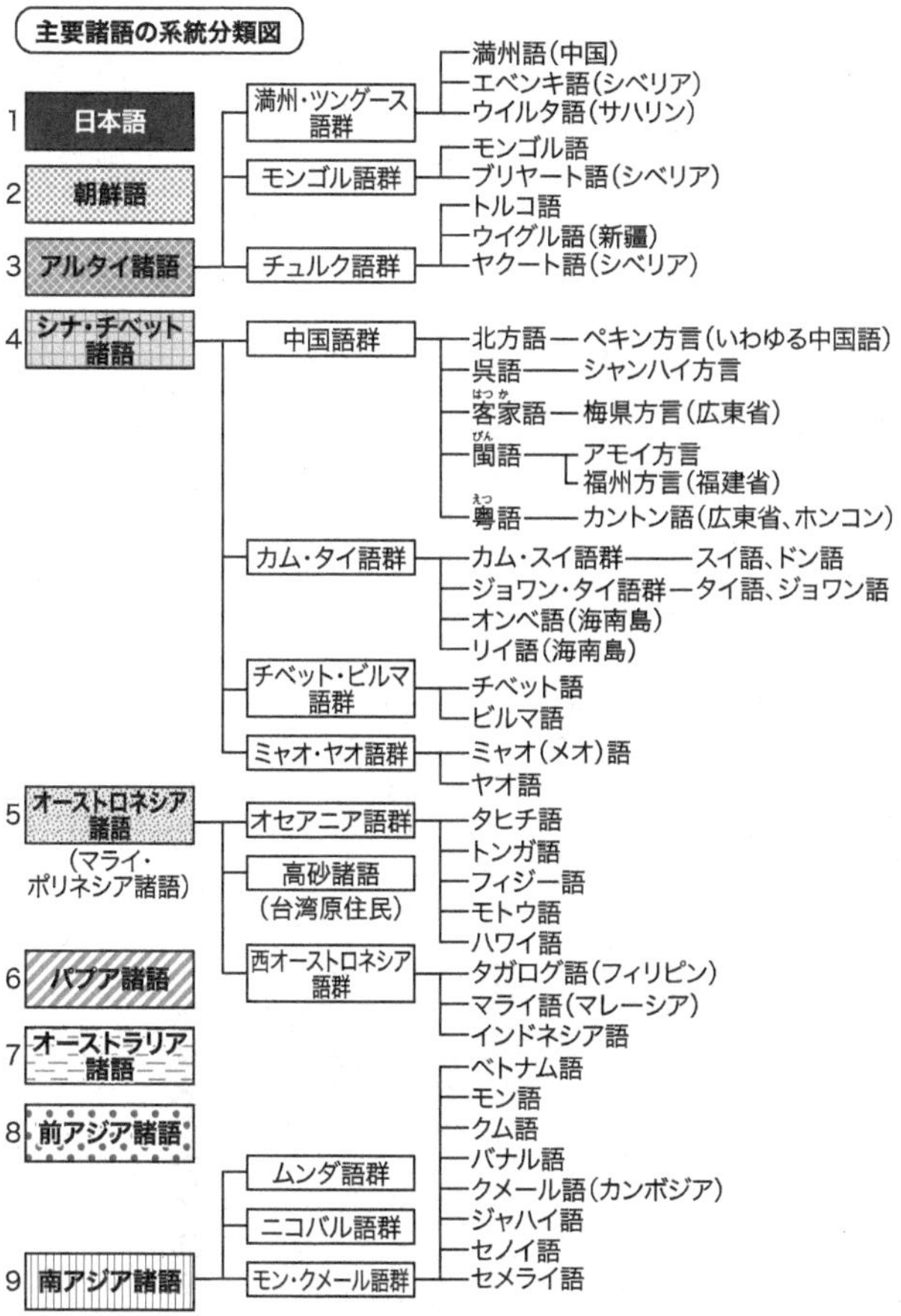

図2－3－②　世界言語マップ（橋本 1984）

太平洋の広大な範囲を占めるマライ・ポリネシア諸語のルーツは台湾？

オーストロネシア（マライ・ポリネシア）語族

中国語と日本語のように、地理的にはすぐ近くだからといって似た言語になるわけではなく、逆に何千kmと離れていても似通った言語を話す場合がある。私は、タヒチやイースター島、ハワイ、マダガスカルなどを訪ねたとき、あらためて広大なポリネシア語の共通性に驚かされた（表2－1）。

北端をハワイ諸島、南東端をラパヌイ（イースター島）、南西端をアオテアロア（ニュージーランド）の3点を結んでできる三角形はポリネシアン・トライアングルと呼ばれ、**ポリネシア諸語**が使われ、言語のみならず、伝統文化、芸術、宗教なども似通うポリネシア文化圏を構成する（図2－4、写真2－8）。表2－1のマオリ語（ニュージーランド）、ハワイ語、タヒチ語、ラパヌイ語（イースター島）がポリネシア諸語（図2－3のオセアニア語群）に属し、言葉が似通っている。

しかし、ハワイとニュージーランドは8000km、タヒチとイースター島は4000km離れている。イースター島は人の住む最も近い島であるピトケアン島まで2000

表2－1　オーストロネシア諸語の例

	死ぬ	魚
ハワイ	make	I'a
マオリ(ニュージーランド)	mate	ika
タヒチ	mate	I'a
ラパヌイ(イースター島)	mate	ika
マレー／インドネシア	mati	ikan
マダガスカル	maty	fia

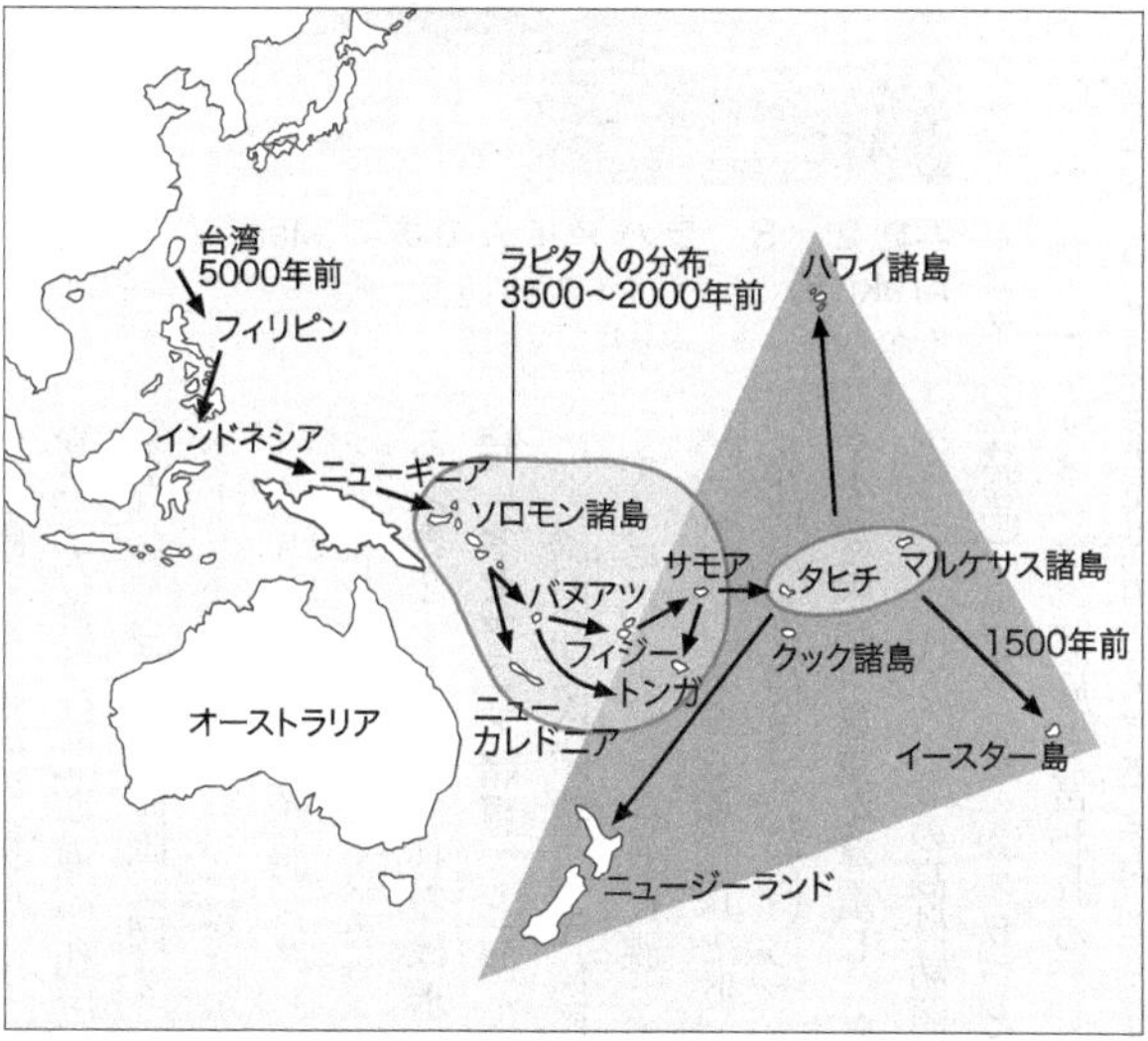

図2－4　ポリネシア諸語の伝播（片山2002）
約5000年前に台湾から船で南下した人々は、約3500年前にはニューギニア北東にある沿岸部や周辺の島々に移動し、ラピタ人と呼ばれる農耕民族となったが、その文化は約2000年前に忽然と消え、そこから船出してハワイ、ニュージーランド、ラパヌイ（イースター島）を結ぶポリネシア人の拡散につながっていく

写真2-8　ラパヌイ人である Maria R. Pakarati Araki 氏　ラパヌイやタヒチなど、ポリネシアで広く行われている「あやとり」を見せてくれた

0㎞離れた絶海の孤島である（写真2-9）。大きさは北海道の利尻島くらいしかない。マレー諸国（図2-3の西オーストロネシア語群）にはタガログ語（フィリピン）、マライ語（マレーシア）、インドネシア語、マダガスカル語が含まれる（表2-1）。それらは**ポリネシア諸語**（**オセアニア諸語**）と似ている。これに台湾原住民諸語（「先住民」は漢語で「すでに滅んでしまった民族」を意味するため、彼らは自らを原住民と呼び、台湾では「先住民」は使用されないので、現地の呼称や少数民族の意見を尊重し「原住民諸語」とする）（図2-3の高砂諸語）をあわせて**オーストロネシア諸語**（マライ・ポリネシア諸語）（図2-3-②の5）と呼ばれ、これらの民族はオーストロネシア（マライ・ポリネシア）語族と言われる。

台湾の先住民（高山族）の諸語である台湾原住民諸語が言語学的に最も古い形を保

っていて、また考古学的証拠もあり、オーストロネシア語族は台湾からフィリピン、インドネシア、マレー半島と南下し、5世紀にインド洋を越えてマダガスカル島に達し（写真2－10）、さらに東の太平洋の島々に拡散したと考えられている（図2－4）。

写真2－9　ラパヌイの島の最高地点からの遠望
島の少し緑があるところが、唯一の村のハンガロア村。ラパヌイ（イースター島）にはほとんど木がなく、海からの強い風が吹きつける。かつての森林破壊で島はほとんど草地になっている。村から最高地点まで馬で移動して撮影した

約5000年前に台湾からフィリピン、インドネシアに船で南下した人々は、約3500年前にはニューギニア北東にある沿岸部や周辺の島々に移動し、独特の装飾土器を持ち、**タロイモ**を栽培するラピタ人と呼ばれる農耕民族となったが、その文化は約2000年前に忽然と消える。その後、土器文化を捨てて船出し、ハワイ、ニュージーランド、ラパヌイ（イースター島）を結ぶポリネシア人の拡散につながっていく。

メラネシアのバヌアツやソロモンでは3000年前までにはメラネシア系の住民が定住しているが、東ミクロネシアに

写真2－10　マダガスカルで出会った姉妹
おそらく両親の片方がアフリカ系、もう片方がアジア系と思われる。マダガスカルではアジア系とアフリカ系の両者の顔つきの人が混在している

人が定住したのは、2100年前ごろである。今から2000年ほど前、ポリネシア人は突如、トンガやサモアの島々から東へ漸進し、マルケサス諸島やタヒチのあるソシエテ諸島などの中央ポリネシア、さらにはハワイ諸島やラパヌイ、ニュージーランドなど、いわばポリネシアの辺境地まで到達・開拓し、ポリネシア文化が培われていった（片山 2020）。このメラネシアと東ミクロネシアの人の定住時期が1000年近くも差がある原因には、島の地形（火山島、サンゴ礁の環礁）と標高に海面変動が関係していてとても興味深い。詳しくは水野一晴著『世界と日本の地理の謎を解く』の第7章「なぜ、イースター島、ハワイ、マダガスカルは1万キロも離れているのに言葉が似ているのか？」を参照していただきたい。

これほど広大な面積に同系の言語が広がったのは、ひとえに船の航海によって人々が短期間で広範囲に移動することができたからである（写真2-11）。古代からポリネシアの広範囲を、ダブルカヌー（船体を二つ使用した大型カヌー）やアウトリガーカヌー（安定性を増すために、カヌー本体の片脇あるいは両脇にアウトリガーとも呼ばれる浮子（ウキ）が張り出した形状を持つ）によって移動してきた。二つの船体のあいだにはデッキが設けられて積載能力に長け、しばしば、数千kmの距離を無補給で航海できた。

写真2-11　古代からポリネシアの広範囲を移動したダブルカヌーあるいはアウトリガーカヌー

インドとヨーロッパは言語系統が同じ？
インド・ヨーロッパ語族

インド・ヨーロッパ諸語は、ヨーロッパから新大陸への移民とともに、南北アメリカ（英語、スペイン語、ポルトガル語、フランス語）、オーストラリア、ニュージーランド

（英語）に広がり、また、植民地化とともにアフリカ諸国に広がっていった。**インド・ヨーロッパ語族**は世界で最も広範囲に広がり、かつ話者数も多い言語グループである（図2－3－②の11）。

インドとヨーロッパが遠く離れ、かつ文化的にも異なるのでかつては同系の言語と見なされていなかったが、最初にそれらが同じ言語グループに属することを発見したのは、18世紀後期にインドに滞在していたイギリスの法学者ウィリアム・ジョーンズである。ギリシア語やラテン語にも精通していたジョーンズは、古来のサンスクリット語が語彙も構造もギリシア語やラテン語とよく似ているばかりでなく、その文法はギリシア語より複雑で精密であることを見出し、これら三つの言語がおそらくはもう存在しないであろう一つの祖語から派生したことを確信したのであった。その後、この祖語がどこでどのように話されていたのか、祖語の故地探しがはじまったが、現在のところまだはっきりわかっていない。

インド・ヨーロッパ諸語（図2－3－②の11）に含まれるおもな言語は、インド・イラン語群（ヒンディー語、ペルシア語など）、ロマンス語群（イタリア語、フランス語、スペイン語、ポルトガル語など）、ケルト語群（アイルランド語など）、ゲルマン語群（英語、ドイツ語、ノルウェー語など）、スラブ語群（ロシア語、ポーランド語、ブルガリア語など）、バルト語群（リトアニア語、ラトビア語など）と、単独でギリシア語、アルバニア語、アルメニア語などがある。

このインド・ヨーロッパ諸語の拡大、侵食に抗して、生き残っている少数の言語がある。スペイン東北隅の**バスク語**（図2－3－②の13）、コーカサス（カフカス）地方の**コーカサス諸語**（図2－3－②の12）、バルト海沿岸の**フィン・ウゴール諸語**（フィンランド語、エストニア語、マジャール語（ハンガリー語）など）（図2－3－②の18）である。ピレネー山脈の西端に位置するバスク地方は山脈を挟んでスペイン側とフランス側に分かれ、バスク語が話されている。鉄鋼業がさかんなビルバオを中心としたバスク地方はスペインの先進地域であり、長らく独立運動がさかんな地域である。スペインの中では所得水準の高いバスク地域だが、国によるインフラ整備が遅れ、富がスペイン政府に吸い上げられているという不満がバスク民族運動に火をつけているのだ。バスク語は「言語の孤島」とか「ヨーロッパの孤立言語」と言われ、どうしてもほかの言語との類似性がはっきりせず、系統不明のままである。インド・ヨーロッパ語族の言葉を話す人々がヨーロッパに侵入する前からピレネー山脈に定住していたヨーロッパの先住民族であることは間違いない。

同様に、カタロニア（カタルーニャ）地方はスペイン語（カスティーリャ語）と近縁関係にあるものの、中世にはカスティーリャ地方とは異なる一大文化圏を形成していた。**カタロニア語**が話されているスペインのバルセロナを中心としたカタロニア地方は、言語・文化的に自己意識が強く、スペインからの分離・独立運動がさかんである。

ウラル語族のなかで、今日のヨーロッパに民族国家を成立させている民族は、マジャール人、フィンランド人、エストニア人の三つである。中央アジアの騎馬民族・フン族が西進し、黒海北岸の東ゴート族が征服されると、375年に西ゴート族はローマ帝国内に侵入しはじめた。ゲルマン民族の大移動がはじまったのである。**フン族**は100年近くヨーロッパ世界に留まり、アッティラ（在位434〜453年）の時代には東はカスピ海、西はライン川、バルト海に達する大帝国を建設するものの、アッティラの死後すぐに崩壊する。フン族はその拠点パンノニアにハンガリー（Hungary＝フン族の居住地）という名称を残した以外は、民族的痕跡をほとんど残していない。

騎馬民族であるフン族が、中央アジアから東ヨーロッパまで西進できた理由は図1－2（22－23頁）にある。ケッペンの気候区は植生の違いで区分されたのだが、ステップ気候すなわちステップ植生が、中央アジアから東ヨーロッパのハンガリーあたりまで帯状に続いているのがわかる。ステップは背丈の低い草原である。この草原のステップ回廊が騎馬民族であるフン族のアジアからヨーロッパへの長距離にわたる移動を可能ならしめたのだ。草原には、移動の障害となる森林がなく、また馬のエサとなる草が豊富にあるからだ。気候や植生が世界の歴史に大きく関わった一つの典型例である。

フン族が消えてから約1世紀後、カスピ海北岸から黒海北岸を経由して西進し、パンノニアを拠点に帝国を築いたのがアヴァール族である。しかし、フランク王国のカール一世の遠征軍に敗れ、ブルガール族の圧力を受け、最終的に9世紀末にマジャール族がハンガリー盆地を征服したことにより消滅する。アヴァール族に従属していた西スラブ族のチェク人は、アヴァール族の崩壊によって、現在のチェコ、スロバキアを中心に最初のスラブ系国家であるモラヴィア王国（9世紀初め～906年）を建設する。このモラヴィア王国を崩壊に追い込んだのが9世紀末にパンノニアに進出してきたマジャール人である。ハンガリーを自らはマジャールと呼んでいる（ジャパンが自らはニッポンと呼んでいるように）。

私は20年ほど前にはじめてハンガリーを訪れた際に、事前に東京の三田にあったハンガリー大使館でビザをもらった。パスポートのビザのマジャールという刻印に、「ああ、国名はマジャールなんだ」と再認識した記憶がある。マジャールの原郷の地はウラル山脈の中南部、ヴォルガ川の支流カマ川流域とされている。ウラル語族の中で、20世紀になってはじめて民族国家を形成し得たフィンランドやエストニアと異なり、マジャールは中世以来ヨーロッパに存続し続けた唯一の民族である。

マジャールは955年のレヒフェルトの戦いでザクセン朝のオットー1世に敗れる。オットー1世はイタリア遠征の戦功によりローマ教皇ヨハネス12世よりローマ帝国皇帝冠を授かり、神聖ローマ帝国（962〜1806年）が成立する。遊牧民のマジャールはこの敗北により、ハンガリー盆地に定住し、先住のスラブ人から農耕を学んで農耕生活へと移行した。さらにマジャールは、10世紀末にイシュトバーンが神聖ローマ皇帝の妹と結婚し、国王となってローマ・カトリックを受け入れて国教とし、アジア系遊牧民がヨーロッパ世界に侵入して唯一存続した国家となった。**マジャール語**（ハンガリー語）は、日本語のように名前は姓を先に書き、名を後に書く。これもヨーロッパ社会の中では異質なことだ。

フィンランド語と**エストニア語**は、マジャール語とともに**ウラル語族**のなかで**フィン・ウゴール語族**を形成するが、この言語の担い手は紀元前4000〜紀元前3500年頃にヴォルガ川流域に住んでいた民族を祖先とする。その後、バルト海沿岸に移住したのがエストニア人、北上したのが**フィン人**（自称は**スオミ**）である。

日本語のルーツはどこか？

日本語は言語の孤児

日本語は周辺のどの言葉ともまったく異なり、世界の少数の「言語の孤児」と言われている（図2－3）。日本語は近くの朝鮮語や満州語などと文法はそっくりだが、基礎的な単語がほとんど異なっている。日本語は文法が似ているモンゴル語やトルコ語が属する**アルタイ諸語**を話す**アルタイ語族**に入れられる場合もあり、またフィンランド語やエストニア語、マジャール語などが属する**フィン・ウゴール諸語**を話す**ウラル語族**とあわせて、**ウラル・アルタイ語族**に入る場合もある。中国語はタイ語やチベット語、ビルマ語と近く、**シナ・チベット語族**としてまとめられる。よく日本人は中国人に比べて英語を話すのが下手と言われるが、中国語は英語と同様に、主語のすぐ後に述語が来るので英語をマスターしやすいのに対して、日本語は主語が最初に来て最後に述語が来るので、頭が混乱するせいかもしれない。日本語はすぐお隣の中国語とまったく文法が異なるので民族体系でも別になる。

私はペルーのチチカカ湖畔の町プーノからインカ帝国の都だったクスコまで列車で旅したことがある。そのとき列車にたまたま同席したオーストラリア人とノルウェー人の若者と話をしていた。少し離れて、韓国人と思われる2組の夫婦が座っていたが、何か大声でしゃべっている。それを聞いて、彼らは私に「彼らは日本人か？」と聞いてきた。私が「違う」と答えると、それでは何人かと聞いてくる。「おそらく韓国人であろう」と答えると、「彼らは何をあんな大声でしゃべっているのだ？」と尋ねる。「わからない」と返答すると、「少しはわかるだろ？」と聞く。「少しもわからない」

と答えると、「ちょっとはわかるだろ?」と言うので、「ぜんぜん、まったくわからない」と言い放った。彼らはひどく驚き、「どうしてだ。日本と韓国は隣同士だろ?日本人も韓国人も中国と同じ漢字を使っているじゃないか」と声が大きくなる。ヨーロッパではイギリス人とドイツ人のように、同じゲルマン系民族間はもちろんのこと、イギリス人とフランス人、ドイツ人とロシア人のように、ゲルマン系とラテン系、ルマン系とスラブ系民族間でもある程度似た単語を使い、少しは通じ合うのである。同じ漢字を使っていて、まったく言葉が通じないというのは、ヨーロッパ人にはなかなか理解しがたいことのようだ。

なぜ同じ国で言葉が通じないのか?

アフリカの民族

アフリカ大陸には世界人口の約17%が住んでいるが、そこで話されている言語は世界の言語数の約4分の1と言われている。アフリカの言語は、**ニジェール・コンゴ諸語**、**ナイロ・サハラ(ナイル・サハラ)諸語**、**アフロ・アジア諸語**、**コイサン諸語**の四つに大別される。各諸語はさらに下位分類され、たとえば**バントゥ諸語**はニジェール・コンゴ諸語の下位分類であるベヌエ・コンゴグループのそのまた下位分類であるバントイドグループの大部分を占める諸言語の総称である。バントゥ諸語は、アフリカ大陸のほぼ3分の1を占める中部・東部・南部アフリカに分布している数百の言語の総称であるが、その分布面積と数のわりには文法・語彙・音韻などで比較的斉一である。中央・東・南部アフリカに住む約1億5000万人のアフリカ人は、約600のバントゥ語のうちの一つを話している。

市川（1997）によれば、5000年前頃から著しい気候の乾燥化がはじまり、3000年前にはその影響がさらに南方の湿潤地帯にも伝わり、森林の後退、サバンナ化が進行し、コンゴ盆地周縁部に三日月状のサバンナ地域が誕生した。バントゥ系の住民の祖先は、紀元前3000年頃からその故地であるナイジェリアとカメルーンの国境周辺のギニア・サバンナから、乾燥化によって生じた類似の環境を経由して東方へ分布を広げ、紀元前3世紀までには、ヴィクトリア湖周辺に達し、また別のグループが西部の海岸部に沿って南下し、紀元前3世紀までに、バントゥ拡散の第二次中心になったコンゴ盆地南部のサバンナ帯に到達していた（図2－5）。

この二つの集団のうち、直接的に森林地帯に影響を及ぼしたのは、東南アジアから伝播したヤムイモや、さらに西アフリカ原産のアブラヤシを携えて拡大した西バントゥ系の人々の移動である。この集団は鉄器などの金属器を導入することにより生業としての農耕の基盤を獲得し、恒常的な高い生産力を可能にした。この西バントゥを起源とする集団は紀元前1世紀には、熱帯雨林の大部分の地域に住み着いたようだ。一方、東バントゥ系のグループは、熱帯雨林の北縁を東に進み、アフリカ大陸で広く食用にされてきたソルガム（モロコシ）、シコクビエ、トウジンビエなどの雑穀栽培を取り入れて拡大した。その際、先住民族である**コイサン語系**の**狩猟採集民**を取り囲み、より環境の劣悪な辺境の地に追いやり、サバンナの生態系の中に農耕が卓越する地域を作り出していった。ヤムイモとアブラヤシを携えたバントゥ農耕民のザイール川水界への初期移動によって、森林地帯にも一定の焼畑農耕を行う居住者が住むようになったものの、深い森への居住は十分進んでいなかった。しかし、5世紀頃にこの地域に東南アジア原産のバナナ（プランテンバナナ：料理用のバナナ）が流入してから一気に焼畑農耕民の居住地が深い森に拡大し、バナナは熱帯雨林地帯の重要な作物となり、この地域の人口の劇的な増加につながった（杉村　1997）。

アフリカの国々には、異なる言語共同体が多数、隣接・共存している。たとえばケニアでは80近い言語が、タンザニアでは110以上の言語が数えられている。このような状況の中で生まれたのが、地域共通語（**リンガ・フランカ**）である。アフリカの共通語には、イスラームの伝播とともに古くから北アフリカに広がったアラビア語、イギリスの植民地化とともに南部アフリカと東アフリカに普及した英語、フランスの旧植民地である西アフリカや中部アフリカで使用されるフランス語、ナイジェリア、ニジェールを中心にナイル川にいたる**ハウサ語**、ガンビアからブルキナファソに広がるマンディカン語、コンゴ盆地を中心とする**リンガラ語**、大西洋沿いにコンゴ共和国、

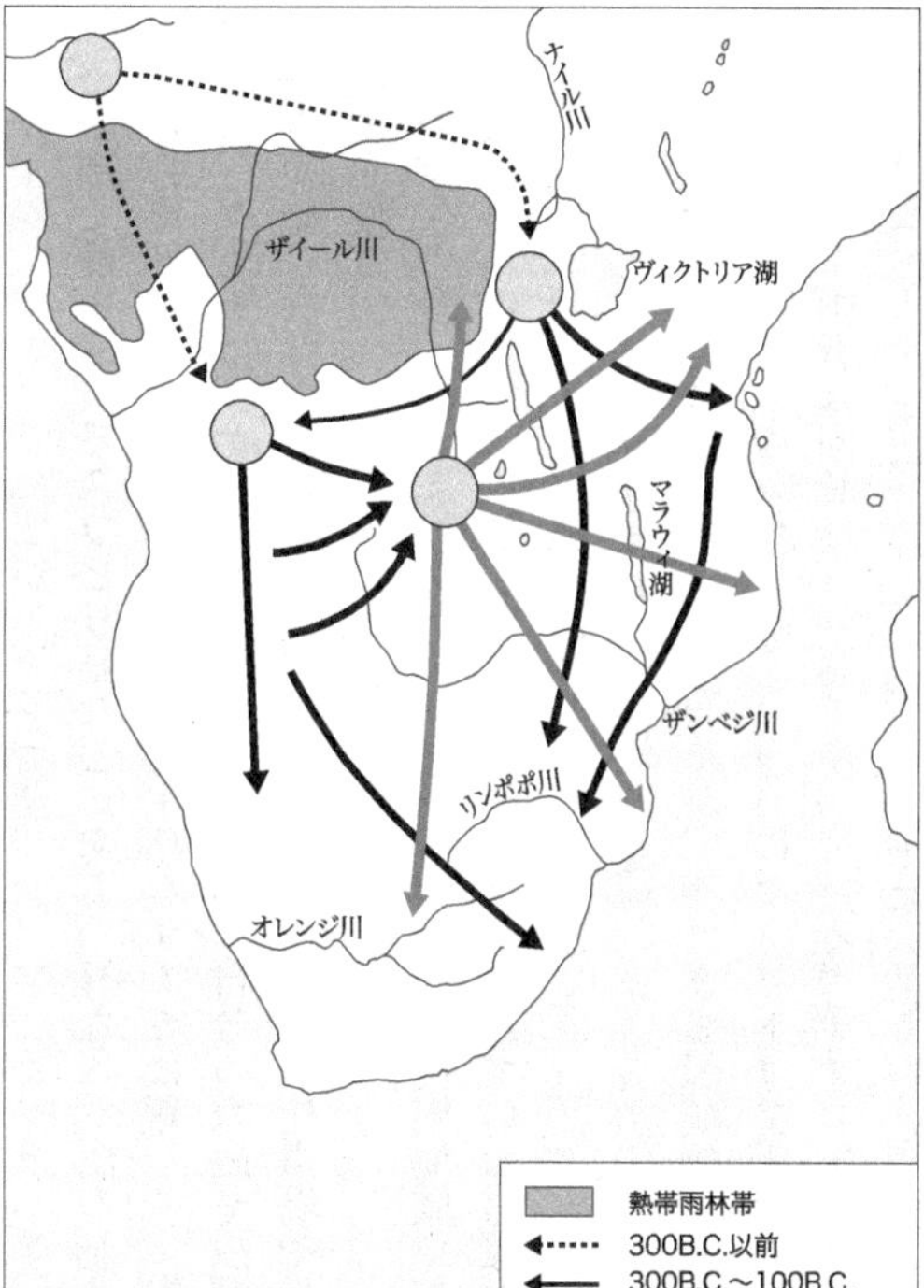

図2－5　バントゥ系農耕民の推定移動経路とその年代
（市川1997）

旧ザイール、アンゴラに広がるコンゴ語、ケニア、タンザニア、ウガンダ、旧ザイールの一部で使用される**スワヒリ語**などがある。異なる言語を話す人たちが入り交じっている都市部では、自分の母語だけで生活をするのは難しく、複数の言語を使い分けている。たとえば、ケニアやタンザニアでは、自分の家族や故郷の人々と話すときは母語を使い、周囲の人たちとは母語やスワヒリ語を、仕事場や公の場ではスワヒリ語や英語を使う。

私の学生の多くはナミビアのそれぞれが異なった民族地域で調査している。彼らは村に数ヵ月から半年住み込むため、その村で話されている言葉をマスターするが、学生によって、オヴァンボ語だったり、ヘレロ語、ナマ語、ダマラ語、ゼンバ語だったりして、それぞれの言葉はお互いに通じない。ヒンバの人たち（写真2－12）とヘレロの人たちはもともと同じ民族だったが、そのまま伝統的な姿で暮らしている人たちをヒンバ、ドイツ人の入植でヨーロッパのヴィクトリア調の衣装を取り入れたのがヘレロとされ、両者は同じヘレロ語を使っている。ナミビアでは学校で英語や**アフリカーンス語**（もともと南アフリカ共和国の場所に入植したオランダ系ボーア人が使っていたオランダ語から派生した言語で、南部アフリカにおいて広く使用されている）を勉強し、異なった民族同士は英語やアフリカーンス語でコミュニケーションを取る。

かつて、車がないような時代には人々の行動範囲が狭く、各民族語でことが足りたが、近年のモータリゼーションの発達とともに、広域の共通語が必要になってきた。

そもそも、ヨーロッパ諸国がアフリカの植民地化とともに、勝手に国境を定めた結果、一つの国に多数の言語、民族が混在するようになったのだ。

写真2－12　ナミビアの牧畜民ヒンバの人々
女性は肌の装飾と紫外線からの保護のため、赤鉄鉱の粉とバターを混ぜたものを皮膚に塗る。男性は子供から大人になるにつれ、髪型が変わっていく

1884年に**ベルリン会議**が開催され、ヨーロッパ列強によって**アフリカ分割**が進められた。ヨーロッパ列強がアフリカの土地を勝手に取り合いをはじめたのだ。たとえば、当時イギリスとドイツはアフリカ内陸への入口確保のため、港の拠点を欲していた。1886年のイギリス・ドイツ間の境界線協定により、現在のケニアのモンバサの港はイギリスに、現在のタンザニアのダルエスサラームの港はドイツに与えられ、そして、ドイツ領東アフリカ（現在のタンザニア）とイギリス領東アフリカ（現在のケニア）の境界は、インド洋からヴィクトリア湖まで直線で区切られ、キリマ

ンジャロの部分は北を回りくねらせて引かれることになる（図2－6）。これによってキリマンジャロはタンザニアに帰属することになった。

図2－6　ケニアとタンザニアの国境
ドイツ領東アフリカ（現在のタンザニア）とイギリス領東アフリカ（現在のケニア）の境界は、インド洋からヴィクトリア湖まで直線で区切られ、キリマンジャロの部分は北に迂回して引かれた

　このようにヨーロッパ列強によって国境が定められたアフリカの一つの国内での利権や資源を求めて民族間の内戦が頻発する（図2－7）。その典型例として挙げられるのがナイジェリアの**ビアフラ戦争**（1967～70年）である。ナイジェリアには北部にイスラム教徒主体のハウサ族、西部にイスラームとキリスト教混合のヨルバ族、東部にキリスト教主体のイボ族が住んでおり、1960年にナイジェリア独立後、東部のイボ族地域に原油が発見された。イボ族地域は工業化が進み、ほかの地域との経済格差が広がり、1967年にはビアフラ共和

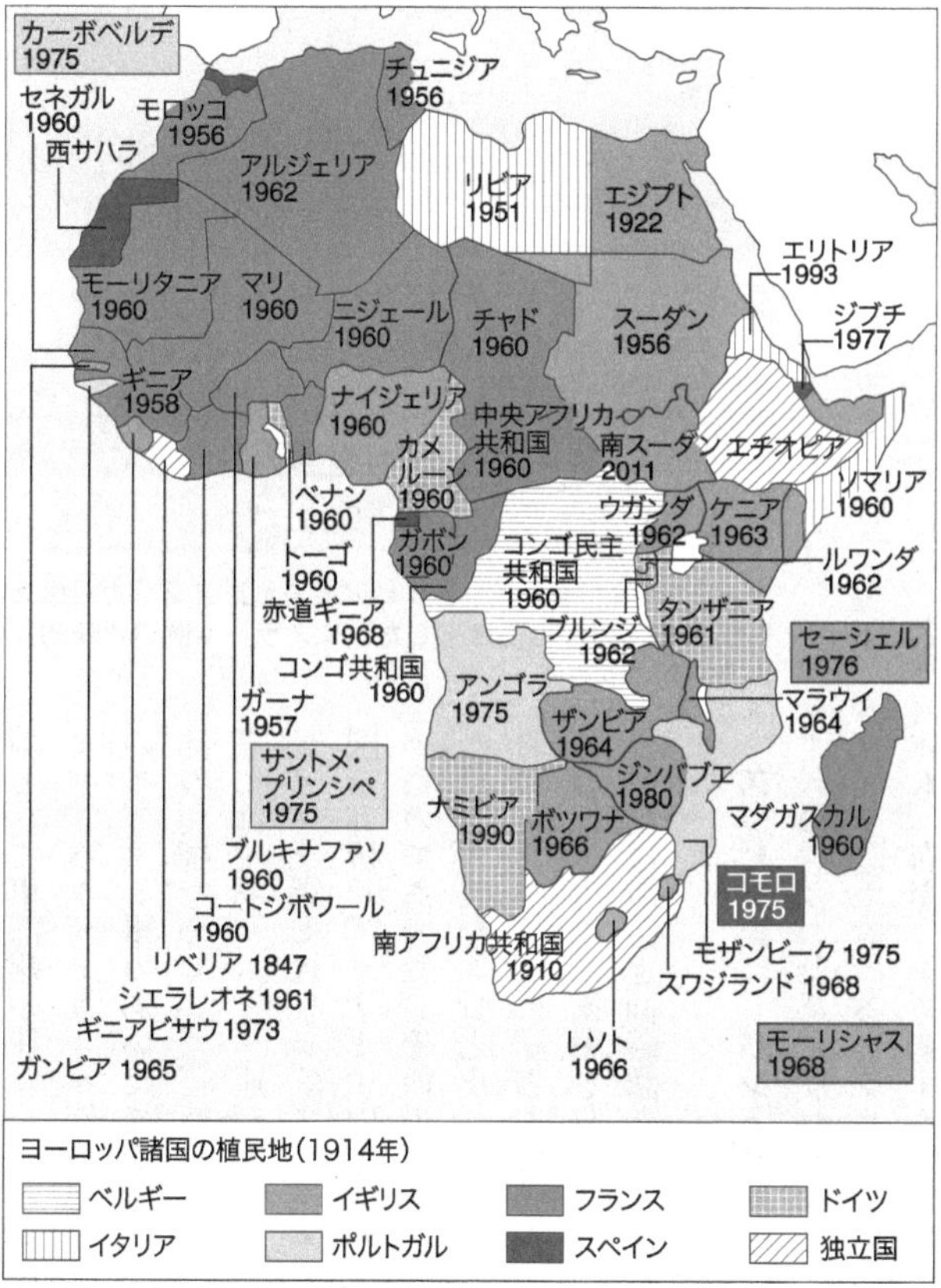
カーボベルデ 1975
セネガル 1960
モロッコ 1956
西サハラ
チュニジア 1956
アルジェリア 1962
リビア 1951
エジプト 1922
エリトリア 1993
ジブチ 1977
モーリタニア 1960
マリ 1960
ニジェール 1960
チャド 1960
スーダン 1956
ギニア 1958
ナイジェリア 1960
中央アフリカ共和国 1960
南スーダン 2011
エチオピア
カメルーン 1960
ソマリア 1960
ベナン 1960
ウガンダ 1962
ケニア 1963
ガボン 1960
トーゴ 1960
コンゴ民主共和国 1960
ルワンダ 1962
赤道ギニア 1968
ブルンジ 1962
タンザニア 1961
セーシェル 1976
コンゴ共和国 1960
アンゴラ 1975
マラウイ 1964
ガーナ 1957
ザンビア 1964
サントメ・プリンシペ 1975
ジンバブエ 1980
ナミビア 1990
ボツワナ 1966
マダガスカル 1960
ブルキナファソ 1960
コモロ 1975
コートジボワール 1960
南アフリカ共和国 1910
モザンビーク 1975
リベリア 1847
スワジランド 1968
シエラレオネ 1961
ギニアビサウ 1973
レソト 1966
モーリシャス 1968
ガンビア 1965
ヨーロッパ諸国の植民地(1914年)
ベルギー
イギリス
フランス
ドイツ
イタリア
ポルトガル
スペイン
独立国

図2－7　アフリカにおけるかつての植民地と独立

写真2－13　インド・アラビア半島と東アフリカ沿岸を季節風を利用して行き来した、イスラーム圏の代表的な木造帆船のダウ船（撮影：孫暁剛）

国として東部州の独立を宣言した。これにより、ハウサ・ヨルバ族の連邦軍とイボ族のビアフラ軍のあいだで内戦が勃発し、石油の利権をめぐって、ハウサ・ヨルバ連邦軍にはイギリスとソ連が支援し、イボ族のビアフラ軍にはフランスと南アフリカ共和国が支援し、ますます内戦は泥沼化していったのであった。その当時、世界中の新聞に掲載された「骨と皮にやせ細っているが、お腹だけが異様に膨らんでいる子供たち」の姿は世界中に衝撃を与え、ビアフラという言葉は飢餓と同義語として使われるようになった。

スワヒリ語は、**バントゥ諸語**のなかで、最もイスラーム色が濃い。それは、イスラームの普及のために使われた東アフリカで唯一のアフリカン言語であった。現在、スワヒリ語におけるアラビア借用語の割合は約30%と見られる。スワヒリという名称自体も「海岸」を意味するアラビア語に由来する。このスワヒリ語が生まれた最も重要な要因は季節風である。アフリカ東海岸には、11月〜3月に北東季節風が吹き、4月〜9月には南西季節風が吹くため、中東・インドとアフリカ東岸のあいだに帆船のダウ船が往来し（写真2−13）、貿易がさかんになった。そのため、バントゥアフリカとアラビアが融合し、スワヒリ文化が生まれたのである。

ラテンアメリカの民族

人種のるつぼと言われる所以

南アメリカ大陸には最初スペインとポルトガルが進出し、1494年にトルデシリャス条約を結んだ両国によってブラジルがポルトガル領、そのほかのおもな南米大陸はスペイン領となっていく。アンデス地方では、13世紀にクスコ王国が成立し、その後、国家としての再編を経て**インカ帝国**が16世紀まで存続した（写真2−14）。インカ帝国はメキシコ・グアテマラのアステカ文明、マヤ文明と対比される南米の原アメリカの文明として、インカ文明とも呼ばれる。インカ帝国は1533年にスペイン人のフランシスコ・ピサロ率いる一隊に征服された。同年、ピサロはインカの皇帝アタワルパをペルー北部のカハマルカで処刑した後、１５３５年にピサロ自身の手でペルーの首都リマのアルマス広場に面するカテドラル（大聖堂）の基礎が置かれた。カテドラルには、ピサロのミイラが安置されている。スペインの侵略によって、先住民族の**インディヘナ**（インディオという言葉は侮蔑的な意味があるとされている）（写真２－15）の人口は激減し、いまでもインディヘナの人口比率が高い国はペルーやボリビアなどのアンデス山系の国に限られている。インディヘナの女性は山高帽をかぶり、ポンチョを着たり、荷物を担ぐのに使ったり敷物にしたりして利用する風呂敷のような布を身につけている。このインディヘナの男女の衣装やインカ帝国の衣装は犬山のリトルワールドで体験できる。

先住民族の人口減少とともに、スペイン領やポルトガル領にはアフリカ大陸から黒人奴隷が投入され、サトウキビのプランテーションなど、**アシエンダ**と呼ばれる大農園が成立した（１－２「世界の農業」の「大土地所有制の類型」（１０２頁）を参照）。このような南米大陸へのヨーロッパ人の進出と黒人の投入により、白人とインディヘナの混血である**メスティーソ**や白人と黒人の混血である**ムラート**、黒人とインディヘナの混血の**サンボ**と呼ばれる人々が誕生する。ラテンアメリカで白人の多い国はアルゼンチンやウルグアイ、チリなどで、南部に多く、黒人の多い国はハイチやジャマイカなどで、カリブ海付近に多い。メスティーソの多い国はコロンビア、ベネズエラ、メ

写真２－14　クスコ郊外に残るインカ帝国の遺跡マチュピチュ

写真２－15　ペルーのクスコにあるピサックの日曜市
女性は山高帽をかぶり、荷物を背負ったり、敷物としたりして利用する風呂敷を身につけている

キシコなどである。

民族が多様で不思議なインド

インドの民族

インドは**インド・ヨーロッパ諸語**の**ヒンディー語**や**ベンガル語**を話す人々が多く住んでいるが（図2-3-②の11）、それらの言語とはまったく異なる**ドラヴィダ系言語**を話す人々がインドの人口の4分の1ほどいる（図2-3-②の10）。**ドラヴィダ族**は紀元前3500年頃、地中海地域からイラン高原を経てインド亜大陸に入ってきた。その後、紀元前1500年頃にインドに侵入してきた**インド・アーリア系**に押されて南インドに南下し、言語も分化していった。そのうち、最も多くの人が話すのが**タミル語**である。**ウルドゥー語**はインド・アーリア語派の方言にペルシア語やアラビア語の語彙が混入して形成された言語であり、パキスタンの国語になっていて、インドのパキスタンに近いパンジャブ地方などではウルドゥー語を話している。

1947年にイギリスから英領インドが独立する際に、宗教の違いでヒンドゥー教徒の多い地域をインド、イスラム教徒の多い地域をパキスタン、仏教徒の多い地域をセイロン（スリランカ）として分離独立したが、ウルドゥー語を話すパンジャブ人が多い西パキスタンとベンガル語を話すベンガル人が多い東パキスタンは、言語も民族も異なり、おまけにインドを挟んで遠く離れていた。結果的に後に東パキスタンは1971年にバングラデシュとして独立した。

インド・アーリア語はヴェーダ語やサンスクリット語などを経て、10～13世紀頃までには、ヒンディー語やベンガル語などに分化していった。ベンガル語はバングラデシュの国語で、バングラデシュのほとんどの人がベンガル語を話す。インドのアッサム語はベンガル語に近い。私がコルカタ（カルカッタ）のプラネタリウムを訪れた際、時間別に解説がヒンディー語、ベンガル語、英語に分かれていた。コルカタのようにバングラデシュに近い地域はヒンディー語よりベンガル語のほうがよく通じる。

インド・アーリア人による先住民族の征服過程で、**バラモン**を最清浄、**不可触民**を最不浄とし、そのあいだに排他的な職能集団を序列化した**ヴァルナ制度**がつくられた。ヴァルナはサンスクリット語で「色」を意味し、支配者である「白い」**アーリア人**と征服された「黒い」先住民族**ドラヴィダ人**との肌の色の区別を示すものであったと考えられている。このヴァルナ制度が**カースト制度**の基礎となり、**バラモン**（司祭階級）、**クシャトリア**（王族、武士階級）、**バイシャ**（平民、農工商階級）、**シュードラ**（隷属民）の四つのヴァルナの序列が置かれ、その枠外に最下層の不可触民が存在する。

先住民族のドラヴィダ族はシュードラに組み込まれた。

犬山のリトルワールドには南インドのケララ州にある、水田とココヤシに囲まれた村をモデルに、いくつかの階層（カースト）の家が復元されている。地主であるナヤール・カーストの屋敷、機織りの家、鍛冶屋の小屋などがある。地主の家の壁には熱帯特有の赤色土壌であるラトソル（ラテライト性土壌）がその硬い性質を用いて利用されている。

インドでは食事は右手を使い、用便は左手で済ませる。私はインドに入ると、食事はスプーンを使うが、用便は左手で済ませている。観光客が泊まるようなホテルでは洋式トイレがあって、ロールペーパーも備え付けてあるが、安宿や大衆食堂では和式のようなトイレで、紙はなく、しかし、脇に水道の蛇口か水瓶がある。そこにプラスチックカップか空き缶があって、それで水道や水瓶の水を汲んで、おしりに水を上から注ぎ、左手でその注がれた水を使って洗う。これを経験すると、紙を使っておしりを拭くのがばかばかしくなる。紙よりきれいに落ちるし、何よりも快感が得られる。私はウォシュレットのような温水洗浄便座を考えた人は、きっとインドを旅して快感を得て発想したのではないかと想像している。インドではホテルの洋式便所でも、かならず横に蛇口があって、カップが置いてある。それで私は、ホテルの洋式便所でも手でおしりを洗っている。また、どんな小汚い食堂でもかならず洗面所があって、かならず石けんが置いてある。そしてインド人は食事の前にかならず石けんで手を洗っているのだ。

ところで、日本ではウォシュレットやシャワートイレなどの温水洗浄便座が各家庭に普及し、たいていのホテルの部屋にも採用されているが、思ってもいない事実に気がついた。40～50代以上の人ならばみな好んで利用し、ホテルを選ぶときのポイントにもなっている温水洗浄便座であるが、若い人はあまり利用しない。自分の学生たちと話していて偶然わかったことだが、試しに授業で学生たちに手を挙げさせて統計を取ってみた。大学院の授業では、27人中使う人が10人、使わない人が17人であり、一般教養の授業（18～20歳くらい）では、４００人中、使う人が１００人くらい、使わない人は３００人くらいであった。使わない理由は、出てくる水が不衛生な感じがするとか、子供のときにびっくりしてトラウマになったとか、使う必要を感じないとか……さまざまだった。

インドは**ベジタリアン**の人が圧倒的に多い。インドの飛行機や食事付きの列車に乗ると、かならずベジタリアンと非ベジタリアンの食事の選択になる。また、インドのホテルやレストランでは、お酒が飲めなかったり、従業員がお酒をどこかに買いに行って、レストランの隅の薄暗い席に移動して飲んでくれと言われたりすることがある。ヨガの聖地のリシュケシュに行ったときは、滞在中、町のどのホテルやレストランでもいっさいお酒を飲めなかったし、肉、卵、魚などいっさい食べることができなかった。

ヒンドゥー教では、**ガンジス川**を**ガンガー**という女神として神格化し聖なる川としているため、川沿いにはヴァラナシをはじめとするヒンドゥー教の聖地がある。リシュケシュも聖地の一つであり、ガンジス川で沐浴している人をよく見かける（写真2－16）。ガンジス川の沐浴によって、これまでのすべての罪が洗い流されると信じられている。私もリシュケシュで沐浴をしたが、頭まですべて川の中に浸からないと頭に罪が残ると言われるので、頭まで全部浸かった。リシュケシュはガンジス川上流に位置するため、水はきれいだが冷たい。沿岸ではガンジス川の水を入れるプラスチック容器がたくさん売られている。インドではガンジス川の水一滴でもとても喜ばれるため、インド人の訪問者はかならずガンジス川の水を故郷に持ち帰る。私もペットボトルにガンジス川の水を汲み、スーツケースに入れて持ち帰った。その水を自分の学生たちに分けてプチ沐浴をさせたのだった。このガンジス川も下流のコルカタ（カルカッタ）では水がずいぶん汚くなっているが、それでも沐浴する人の数は多く、みな水をペットボトルに入れて持ち帰っている（写真2－17）。

写真2－16　ヨガの聖地リシュケシュにてガンジス川（ガンガー：ヒンドゥー教で川の女神）で沐浴する人々
ガンジス川はリシュケシュで断崖から河谷へと出る

写真2－17　ガンジス川下流のコルカタ（カルカッタ）で沐浴をする人々　ここでも訪れた人々は川の水をペットボトルに入れて持ち帰っている

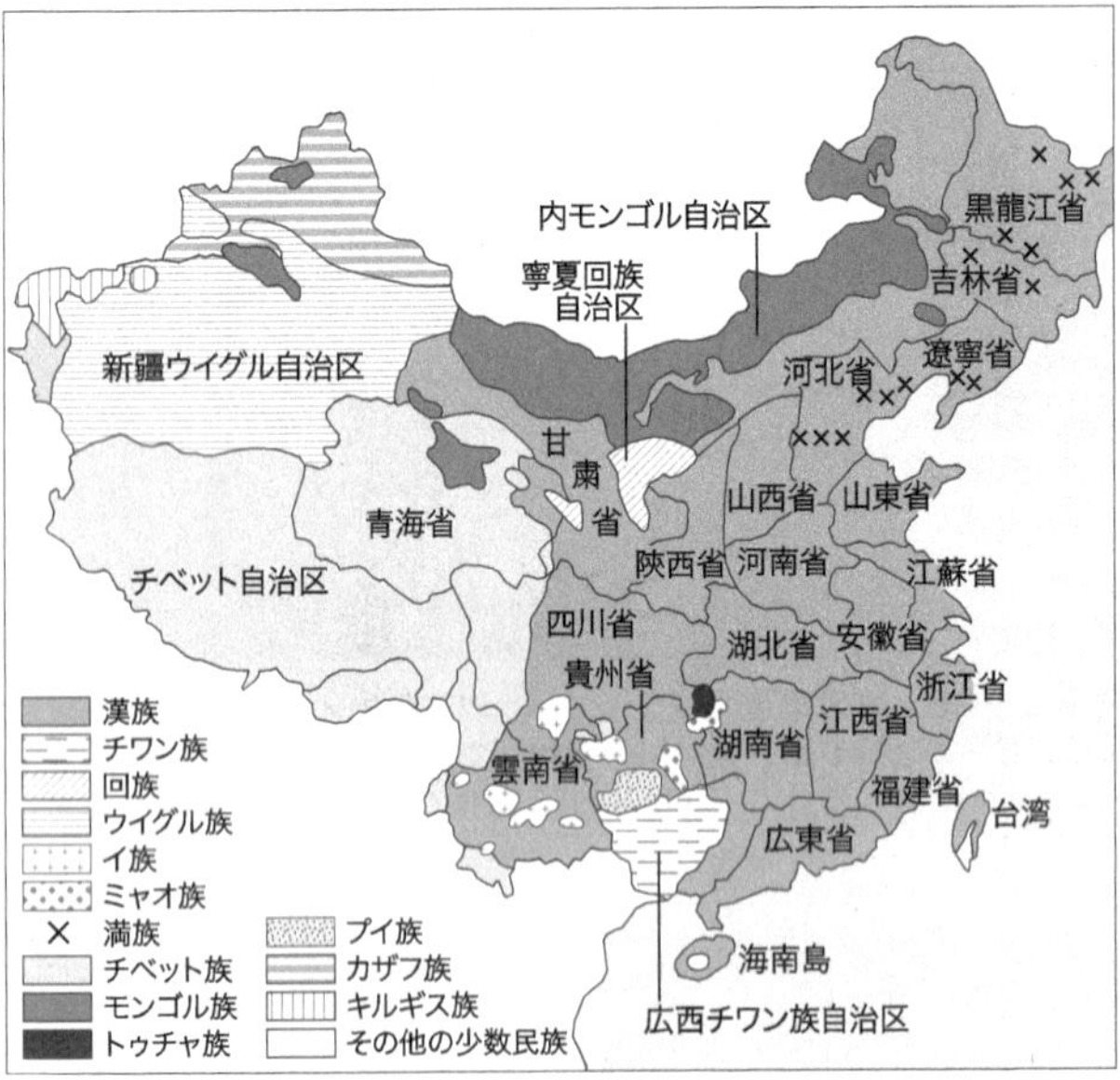

図2－8　中国の民族分布（高崎 1994）

少数民族が消えようとしている?

中国の民族

現代の中国は55の少数民族と、人口比92%を占める漢族(約13億人)からなる**多民族国家**である。少数民族は中国全体のわずか8%を占めるにすぎないが、それでもチワン族は1600万人以上おり、満州族と回族も1000万人前後いて、少数民族の居住地域は全土の約60%を占有している。そのほか、人口が100万人以上いる民族は、イ族、ミャオ族、チベット族、モンゴル族など18を数える(図2-8、表2-2)。少数民族の集中地域は自治区とされ、内モンゴル、寧夏回族、新疆ウイグル、チベット、広西チワン族の五つの自治区がある。そのなかでとくに民族独立運動がさかんなのが**チベット自**

表2-2 中国の少数民族の人口(2010年)

人口順位	少数民族名	人口(万人)
1	チワン(チョワン)族	1,692
2	回(ホイ)族	1,058
3	満州(マン)族	1,038
4	ウイグル族	1,006
5	ミャオ族	942
6	イ族	871
7	トゥチャ族	835
8	チベット族	628
9	モンゴル族	598
10	トン族	287
11	プイ族	287
12	ヤオ族	279
13	ペー族	193
14	朝鮮族	183

*漢民族:約13億人

治区と**新疆ウイグル自治区**の二つであり、その二つに焦点を当てたい。

ダライラマ14世が亡くなったら大変なことになる?

チベット問題

チベット自治区はチベット語を話すチベット人が90%以上を占め、**チベット仏教**のさかんな地域である。政教一致によるチベット政府が成立したのは、ダライラマ5世が宗教と政治の最高権威を兼ねた1642年である。チベット仏教にはニンマ派、カギュ派、サキャ派などいろいろな宗派があるが、改革派と言われる最大宗派のゲルク派(写真2-18)の最高位のラマ(僧)が**ダライラマ**であり、チベット仏教の最高指導者である。

ラサにあるチベット政府はモンゴル帝国や清朝など中国の歴代王朝の干渉を受けながらも、ダライラマ14世にいたるまで政教一致の政治体制を敷いてきた。1911年の辛亥革命によって清が崩壊するとチベット政府は独立を宣言する。1904年にイギリス軍がラサを占領してから第二次世界大戦までイギリスの強い影響下にあったが、1949年に中華人民共和国が成立し、51年に人民解放軍が進軍してきたことで、チベットは再び中国の支配下に置かれた。中国はチベット政府の政教一致体制は認めたものの、チベットは土地改革を含む大幅な社会改革を強要され、その矛先が寺院や僧侶にも及ぶと、民衆が蜂起し、1956年に**チベット動乱**が起きる。チベット政府は2万人の軍を組織して中国共産党の人民解放軍と対峙したが鎮圧される。ダライラマ14世は1959年にヒマラヤを越えてインド北部のダラムサラへ亡命し（写真2－19）、そこに亡命政府をつくった。その後を追って10万人を超える難民がチベットを脱出しインドに亡命した。

中国全土で5000万人が犠牲になったと言われる**大躍進政策**、また**文化大革命**などを経て、1979年頃までにチベット全域で中華人民共和国によるチベット人の弾圧や虐殺が行われた。いまでもチベット仏教に対する弾圧やチベット文化の破壊が続き、ダライラマの写真を持

写真2－18　チベット仏教ゲルク派のタワン仏僧院
アルナーチャル・プラデーシュ州のタワンの町を見下ろす丘の上にある。建造物は城塞の形態をとり、古くからモンパ地方全域から税を徴収してきた

つだけで投獄され、さまざまな弾圧や破壊に対するチベット僧や一般人の抗議の焼身自殺があとをたたない。

チベット内での弾圧から逃れ、十分な教育を受けさせてチベット文化を守るために、親は子供にヒマラヤ越えをさせてインド側に逃がそうとするが、途中、雪の中で凍死する子供も多い。現在でも毎年数百人の子供たちが親元を離れて6000m級のヒマラヤを徒歩で越え、数週間歩き続けてインドへ亡命しているのだ。亡命できても、ヒマラヤ越えで被った凍傷によって手足に障害を持つ子供たちが少なくない。オーストリア人女性 Maria Blumencron は、現地に赴き、雪のヒマラヤを越える5人の子供を含む10人の亡命者たちと、彼らを命がけで導くガイドに同行し、その姿を撮影した。製作された短編『Escape Over the Himalayas ―ヒマラヤを越える子供たち』というドキュメンタリー・フィルムは世界を驚かせた（日本でも日本語訳DVDを購入可能）。現在、ダラムサラで暮らすチベット難民は数万人。そのうち1万5000人がヒマラヤ越えをしてたどり着いた子供と言われている。75人でいっしょにチベットを脱出した子供の一人は、その半分が中国兵の銃撃を受けて命を落としたと語っている。

インド南部には数ヵ所の大規模なチベット難民入植地が開かれ、ガンデン寺院、セラ寺院、デプン寺院というチベット仏教の三大僧院も再建築されているが、チベット領内でのチベット仏教の破壊は、領内に残っている僧を追い詰めている。

ダライラマが亡くなると、転生者の認定作業（生まれ変わりを探す作業）が行われる。現在の14世も13世が亡くなった後、その生まれ変わりを探す作業によってチベット北部アムドの小さな農家の9番目の4歳の子がダライラマの化身として認定されたのであった。この後継者の認定に決定権を持つのがチベット第2の高僧であるパンチェンラマである。

写真2－19　1959年にチベットを脱出し、徒歩でヒマラヤ（アルナーチャル・プラデーシュ）を越えているダライラマ14世（左から4人目）（タワン寺博物館所蔵）

1989年にパンチェンラマ10世が亡くなると、その転生者（パンチェンラマ11世）の認定が行われた。1995年にチベット亡命政府は当時6歳のニマ少年を転生者としたが（写真2－20）、中国政府はこれを認めず、独自にノルブ少年（当時6歳）を擁立してパンチェンラマ11世と認定する。そして、ニマ少年とその家族を政治犯として拉致・拘束し、現在も解放されず、消息も不明のままである。このままの状態であれば、ダライラマの後継者は中国政府が自ら認定したパンチェンラマ11世が選ぶことになり、そのとき、チベット社会の騒乱は避けられないと予想される。

このチベットとインドの境界をなしているのが**マクマホンライン**で、その南にインドと中国の**国境紛争地帯**である**アルナーチャル・プラデーシュ州**がある（図2－9）。かつてインドが英領インドであった頃、アルナーチャル・プラデーシュ州の地域は、イギリスからＮＥＦＡ(North-East Frontier Agency：北東辺境地区）と呼ばれていた。イギリスは開発するだけの価値のない辺境地と認識し、強制的に統治しようとはせず、放置されたままの土地であった。チベットと中国の紛争を調停したシムラ会議（１９１３～１４年）で、イギリス全権を務めたマクマホン卿は、英領インドのアッサム地方とチベットとの境界をチベット側に受諾させた。これがマクマホンラインである。しかしながら、マクマホンラインはチベット系住民

写真２－20　転生者としてパンチェンラマ11世と認定されたニマ少年（認定3日後に失踪。中国により拘束）の唯一残されている写真　ラダックのチベット仏僧院ではどこでも掲載されている

図2－9　インド―パキスタンの国境紛争地帯であるカシミール地方とインド―中国の国境紛争地帯であるインドのアルナーチャル・プラデーシュ州

の分布地域より北側のヒマラヤ稜線に引かれたため、中国政府は容認せず、これ以降長らく中国とインドのあいだで**国境紛争**が続いている。１９６２年、突如侵攻してきた中国軍に大敗を喫したインド政府は、北東辺境地区に対する実効支配をより強固にするために奥地まで舗装道路を建設し、軍を駐屯させた。そして１９８７年、北東辺境地区は州に昇格し、アルナーチャル・プラデーシュ州となったのである。国際的にはアルナーチャル・プラデーシュ州はインド領であるが、中国の地図では中国領になっている。これは、日本の地図で北方領土が日本領になっているのと同じで、自国の主張に基づいている。ちなみに、アルナーチャル・プラデーシュ州は、高校の地理の授業で使用する地図帳では、州の境界が帝国書院のものも二宮書店のものも誤って描かれている（２０１５年11月現在）。

　私は２００７年からこのアルナーチャル・プラデーシュ州で調査をしている。インドと中国の係争地帯であるがゆえに、１９９０年代まで外国人の入域が禁止されていたためベールに包まれた地域となっている。いまでも外国人の入域には特別な許可証が必要で、またガイドをつけることが義務づけられている。ひとたびこの地域で調査をはじめてみると、その興味は止《とど》まるところを知らず、結局毎年のように調査に入った。最初は森林などの自然の調査をはじめたのだが、そのうち牧畜や農耕などの生業、チベット仏教やボン教などの宗教から、伝統的な儀礼、社会や文化などに興味を惹か

写真２－21　ディランゾン（砦）　ディランゾンは1831年の建設と言われている。写真は４階建てのゾンペン（税の徴収人）の館で、左手は囚人を収容する牢屋

れ、５年間の調査結果をまとめて『神秘の大地、アルナチャル―アッサム・ヒマラヤの自然とチベット人の社会』（２０１２年、昭和堂）を出版した。この本は２０１４年度の日本地理学会賞（優秀著作部門）を受賞した。また、Lobsang Tenpa 氏と共著で『Himalayan Nature and Tibetan Buddhist Culture in Arunachal Pradesh, India』（２０１５年、Springer）を出版した。

そのなかでとくに興味を持ったのが、チベットの吐蕃王国の王の兄弟がこの地に追放され、現在、その王族の子孫が上位クラン（氏族）を、使用人の子孫が下位クランをつくり、かつての王の城塞（ゾン）が山中に残っていることだった。山谷を越え、いばらをかきわけ、やっとたどり着いた城塞の石垣の隙間から炭を見つけ、放射性炭素年代測定により建設年代がＡＤ１４００年頃であったことを突き止めたときは感動した。また、ラサにあるチベット政府による税の取り立てについても興味を持った。ラサから税の徴収人であるゾンポン（ゾンペン）がモンパ民族地域に派遣され、ゾンと呼ばれる砦に居住して税を徴収し（写真2-21）、それをタワン仏僧院やラサまで運んだ。その取り立ては厳しく、反抗する住民は殺され、その慰霊碑も残っている。税の取り立ては1947年のインド独立直後の1950年頃まで続いた。

なぜテロが多発するのか？

ウイグル問題

新疆ウイグル自治区は中国の自治区の一つで、全国土の6分の1を占める。民族はトルコ系イスラム教徒の**ウイグル人**が主流である。中国の人口の大半を占める漢民族とは文化も宗教も言語も異なる。この土地が中国に組み込まれたのは1759年清朝の乾隆《けんりゅう》帝時代のことである。清が滅亡すると中国がその支配を受け継ぎ、250年間にわたってウイグル人は独立運動を繰り広げてきた。1933〜34年には「東トルキスタン・イスラム共和国」、1944〜46年には「東トルキスタン共和国」を樹立したものの、いずれも短期間で崩壊する。1949年には中国共産党の支配下に入り、1955年には自治区となる。1991年にソ連が崩壊し、西トルキスタン（「トルキスタン」は「トルコ人の土地」という意味）の中央アジア5ヵ国（トルクメニスタン、ウズベキスタン、キルギス、カザフスタン、タジキスタン）が独立すると、それに刺激を受けたウイグル人は独立運動「東トルキスタン独立運動」を活発化させる。

これに対し、中国政府は激しい弾圧を加えた。中国は1950年代にはじまる中国化政策を推し進める。ウイグル人の漢民族化を進めるために、新疆ウイグル自治区への漢民族の移住奨励を行った。自治区が成立した1955年当時には自治区内で7％にすぎなかった漢民族は、現在40％以上となり、ウルムチではすでに漢民族のほうが多くなっている。また、中国はとくに15～25歳の未婚女性を毎年数万人単位で強制的に中国各地に移住させるという政策をとっていて、従わなければ一家の農地没収や政治犯扱いを免れないという。こうして、自治区内でのウイグル人を減らし、自治区への支配を強化している。

中国が新疆ウイグル自治区の支配強化を進める理由は、独立運動がほかにも飛び火し、国家の統一が保てなくなること、さらに、石油や天然ガスなどの資源が豊富で、これをなんとしても確保する必要があったからである。新疆ウイグル自治区の石油・天然ガスの埋蔵量は中国の3割を占める。

また、新疆ウイグル自治区内には核実験場が設けられ、1964～96年に計46回の核実験が行われ、死亡者19万人、甚大な放射線被害にあったウイグル人は129万人にのぼるとされている。

ウイグル人の中国政府に対する不信感は根深く、1997年2月の自治区北部のイーニンでのデモでは約200人の犠牲者が出た。さらに、2009年7月にはウルムチでウイグル人と漢人および武装警察が衝突し、192名の死亡、負傷者1700人以上の大惨事となった。

人間が理性を失ったとき何が起こるのか

歴史の中のさまざまな悲劇

インドのアルナーチャル・プラデーシュ州で調査を行って感じたのは、人間の弱い者いじめは止まるところを知らないという悲しい現実だった。日中戦争時の1937年の南京事件では、中国兵や一般市民などが日本軍に殺された。その犠牲者の数は諸説あり、現在も論争が続いているが一説には20万人にのぼるとも言われている。また、1923年の関東大震災では「朝鮮人が暴徒化した」という流言やデマによって数千人以上の在日朝鮮人が殺害されたと言われている。一方、1950～76年のチベット動乱前後の中国によるチベット侵攻によってチベット全域で120万人の犠牲者が出たとも言われている。そのチベットのラサ政府は1950年頃までアルナーチャルのモンパ民族地域で税を取り立てる際、反抗する住民を殺していた。

また、ベトナム戦争で1965〜73年の9年あまりのあいだに、韓国軍はベトナム軍の4万1400名を射殺し、9000人あまりのベトナム民間人を虐殺した。この事実はベトナムの大学の韓国人大学院生の調査によって明らかにされ、韓国の新聞で1999年に報道されると、「韓国はつねに侵略の被害者だった」と信じてきた韓国人にとって、その「神話」が崩れ去る衝撃的な事件となった（これについては、伊藤正子著『戦争記憶の政治学―韓国軍によるベトナム戦時虐殺問題と和解への道』に詳しい）。

ヨーロッパでは17世紀（1650〜70年頃）に第1小氷期と呼ばれる気候の寒冷期が訪れた。この小氷期により穀物の生産量が下がり、穀物価格が上昇し、満足な食事ができなくなった。寒さと栄養不足も関係し、ヨーロッパにペストが大流行する。食糧難による飢餓とペストの流行による死の恐怖に怯えた人々は、おびただしい社会不安のなかで「不幸はだれのせいか？」と弱い者いじめをはじめる。それが魔女狩りだった。人々は小氷期の気候悪化、悪天候の原因は魔女にあるとして、その魔女を殺すことで自分の安心感を得ようとしたのだった。小作の貧しい農民の娘や妻が次々に魔女に仕立て上げられ、牢獄に放り込まれる。牢獄ではありとあらゆる拷問で自白を強要され、魔女と自白した者は火炙りの刑や股裂きの刑に処せられた。イングランドでは1566～1684年に1000人が、スコットランドでは1590～1680年に4000人以上の人が魔女として処刑されたという（安田 1995）。

人間が最も極限状態に追い込まれるのは戦争や飢餓、疫病など死に直面したときである。戦争や飢餓によって人間は理性を失い、悲劇的な結果を生み出す。そのような戦争を起こしてはならないし、そういった極限状態でも「弱い者いじめ」はけっしてしてはならない。過去の歴史が教えてくれている。

2-3 宗　教

世界にはどのような宗教があるのか？

世界の宗教

世界のおもだった宗教には、人種や民族、文化圏の枠を超え広範な人々に広まっている世界宗教として、キリスト教、イスラーム（イスラム教）、仏教があり、特定の地域や民族にのみ信仰される民族宗教としてヒンドゥー教やユダヤ教、神道などがある。キリスト教徒（約25億4600万人、2020年）のうち、カトリック教徒は約12億5000万人、プロテスタントは約5億9400万人、正教は約2億9400万人、そのほか教会派は約4億8000万人と言われている。イスラム教徒は約19億2600万人、仏教徒は約5億5000万人、ヒンドゥー教徒は10億7400万人である（The World Almanac and Book of Facts 2021）。

また、世界では広く自然崇拝が行われている。自然崇拝は万物に宿る精霊を崇拝対象とするアニミズムとも関係が深い。自然崇拝のなかでも、とくに山に精霊や神が存在するとして礼拝する山岳信仰は多くの地域で見られる。

寒い冬はクリスマスが救い

キリスト教

キリスト教は、ローマ教皇（法王）を中心とする**カトリック**、16世紀の**宗教改革**によって発生した**プロテスタント**、東地中海沿岸や東欧諸国などに広まる正教などの宗派がある。スペインやポルトガルの植民地であった南米諸国は熱心なカトリック教徒が多く、2013年には南米から初めてアルゼンチン出身のローマ教皇が選出された。

イギリスはローマ教皇の支配から抜け出すためにイングランド国王を**英国国教会**の唯一の首長として定めた。実際の事情は、ヘンリー8世（1491〜1547年）がキャサリン王妃との離婚許可を教皇に請求したものの却下されたため、教皇に反旗を翻し、ヘンリー8世が聖職者に対しても首長となり、国家宗教としての英国国教会を誕生させたというものだった。

キリスト教はローマ皇帝コンスタンティヌス1世の**ミラノ勅令**（313年）により承認され、392年にはローマ帝国の国教になった。しかし、しだいに権威主義的・

政治的要素が強くなり、教会間の権力争いも激しさを増していく。ローマ教会は、ローマ教皇や教会の権威を重んじ、信者は教会を通じて神の恵みを得るという形をとっていた。カトリックでは信者が罪の赦しを得るためにローマ教会への巡礼や祭司への罪の告白などが求められた。

プロテスタントはルターやカルヴァン（カルヴィン）などにより、権威の強まるカトリック教会に抗議する宗教改革を通して生み出された。カトリックでは聖書の内容が教会の言葉で伝えられるのに対し、プロテスタントでは、信者が直接聖書を読むことにより神の恵みを得るとしている。つまりプロテスタントでは、聖書、神の御言葉に権威があるとして、その権限に基づいて教会形成を行うという考えがある。

カトリックはバチカンのローマ教会に最も権威があり、ローマ教皇（法王）が全カトリック教会の裁治権と統治権を持つとしている。そのため信者はバチカンのローマ教会への巡礼を目指す。中世に建てられたカトリックの教会には天まで伸びるようなゴシック建築の大聖堂がある（写真2−22）。また、カトリックは生命の尊重という崇高な理念に基づき人工授精や中絶、避妊、同性愛を禁じている。そのため、カトリック教徒の多い南米ではそれが出生率の高さにつながっている。カトリックの聖職者である神父は結婚できない。一方、プロテスタントは聖書が重要視されているため、教会は比較的簡素であり、プロテスタントの聖職者である牧師は結婚ができる。

写真２－22　1663～1806年のあいだ、神聖ローマ帝国の帝国議会が行われたレーゲンスブルクにあるゴシック建築のレーゲンスブルク大聖堂　ここのレーゲンスブルク少年合唱団は世界的に有名で、クリスマスミサにはたくさんの観光客が訪れる。ドイツ南部のバイエルン州はカトリック信者が多い

カトリック教会では近年、一部の聖職者による児童（おもに少年）への性的虐待が問題になっている。ニューヨークタイムズ（２００3年1月11日付）は過去60年間で米国カトリック教会の１２００人以上の聖職者が４０００人以上の子供に性的虐待を加えたと報じた。２０１０年3月にニューヨークタイムズによって、当時の教皇ベネディクト16世が枢機卿在任時代、神父の性的虐待を知りながら秘匿した疑いがあると報道されると、ロンドンで教皇の退位要求のデモが行われた。児童への性的虐待により２０１１～１２年に教会から解任処分を受けた聖職者は３８４人であった。教皇の実兄が指揮者を務めたレーゲンスブルク聖歌隊（少年合唱団）においても児童への性的虐待が

報告された。2013年3月に新教皇になったフランシスコはこの問題に対し「断固たる対応を取る」という声明を出した。こういう現実を見ていると、神父が結婚できないことやキリスト教における同性愛の禁止はいったい何なんだろうと思わずにはいられない。

写真2-23　レーゲンスブルク大聖堂でのクリスマス礼拝とレーゲンスブルク聖歌隊（少年合唱団）

キリスト教の最大のイベントがクリスマスである。クリスマスイブの12月24日には各教会においてクリスマスミサが行われる（写真2-23）。私は3度ほどレーゲンスブルク大聖堂で行われたクリスマスミサに参加したが、そのときのミサの最後に大聖堂内が暗くなってローソクの明かりの中で歌われるレーゲンスブルク合唱団の「きよしこの夜」は参加者を天まで昇るような心地にさせてくれる。クリスマスイブにはたいていの人は家で家族だけでクリスマスを祝い、午後4時には駅の売店

写真２－24　エチオピア北部のゴンダールで最も古いデブレ・ベルハン・セラシー教会　教会内では勉強をしている少年と少女が分かれて座っていた

を除いてすべての店が一斉に閉まり、街から人の姿が消える。25日はバスの多くが運休し、タクシーの数も少ない。ドイツでこの日にクリスマスパーティに招かれたとき、行き帰りの移動にとても苦労した思い出がある。寒くて暗いヨーロッパの冬も1ヵ月前から始まるクリスマスマーケットのおかげで街は賑わう。

　エチオピアは4世紀にキリスト教が伝えられ、その後**キリスト教コプト派**（**エチオピア正教**）を国教にしたキリスト教に熱心な国だが（63%がキリスト教徒で、うちエチオピア正教44%、プロテスタント19%）、7世紀以降はイスラームも進出している（約34%がイスラム教徒）。

　エチオピア北部のゴンダールで最も古いデブレ・ベルハン・セラシー教会（写真2－24）の天井画にはヨハネの首が描かれている。新約聖書ではイエスに洗礼を授けたヨハネは領主ヘロデに首を刎ねられて殺されるが、エチオピア正教では、その後ヨハネの首に羽が生えて、何十日間か空を飛び宣教を行った、と信仰されている。

最初にヨーロッパからアフリカに入ってきた人たちはキリスト教の宣教師たちである。布教を利用してヨーロッパ列強によるアフリカの植民地化がはじまり、侵略における宣教師の役割は大きかった。同様に、16世紀の日本にやってきたヨーロッパ人も宣教師たちだった。ヨーロッパによる日本の植民地化を恐れた秀吉や家康は、キリスト教弾圧を進めた。歴史的に宗教は植民地化に大いに利用されてきたのだった。

ナミブ砂漠の孤立したプロス村（住民約150人）には一軒だけ店があり、商品の品数は限られているが、靴墨が売られているのには驚かされた。最も近い町まで車で4時間かかる砂漠の中の小さな村にも教会があって、日曜日には男性は背広にネクタイをつけ、靴は靴墨でピカピカにして礼拝に臨むのだ。

なぜブタ肉をぜったいに食べないのか？

イスラーム

イスラーム（**イスラム教**）は7世紀のはじめに**ムハンマド**（**マホメット**）が、天使ガブリエルから神（アッラー）の啓示を受けて生まれたとされる宗教である。唯一絶対の神を信仰し、神が最後の預言者たるムハンマドを通じて人々に下したとされる**クルアーン**（ムハンマドが受けた神の啓示をまとめた聖典。**コーラン**とも呼ばれている）の教えを信じる一神教である。その内容は宗教的教義のみならず、社会・制度・生活にまでわたっている。イスラームとは、「神への絶対的帰依・服従」を意味し、ムスリム（イスラム教徒）は「帰依した者」を意味する。

イスラームは、ムハンマド以来のスンナ（範例、慣行）に従う**スンナ（スンニ）派**（ムハンマドが存命中に語ったこと、命令したこと、彼の行動をまとめた伝承が基本）と、ムハンマドの従兄弟で、第4代カリフのアリーとその子孫のみが正統な指導者だとする**シーア派**（アリーが初代のイマーム［指導者］）に分かれた。イスラームはおもに中東や北アフリカなどのアラビア諸国と東南アジアで信仰されている（写真2－25）。多くはスンナ派であるが、イランは国民の約90％、イラクは約60％がシーア派である。インドネシアは国民の9割近くの2億3800万人以上がイスラム教徒である。

イスラム教徒はブタ肉を食べることやお酒を飲むことが禁じられているが、イスラム教徒のなかにもお酒を飲む人はときどき見かける。しかし、彼らはブタ肉はぜったいに食べない。イスラム教徒にとってブタ肉は不浄のものであるからだ。その徹底ぶりにはけっこう驚かされるものがある。私の家でときどきバーベキューをするのだが、バングラデシュからの留学生を招いたときは、ブタ肉を出さなかったにもかかわらず、イスラム教徒の彼らは焼き網を自分たちで洗わせてほしいと申し出てきた。もちろん、焼き網はバーベキュー後に毎回きれいに洗っているのだが、それを自分たちの気が済むまで洗わなければ、ブタ肉を焼いたかもしれない汚れた網に載せた肉や野菜を口にできないというわけだ。おそらく彼らにとって焼き網でブタ肉を焼くということは、焼き網の上で糞便を焼いているのと同じなのだろう。我々も、糞便を焼いた網ならば、自分で気の済むまで洗うだろうから。

写真2－25　チュニジアの世界遺産の街、スースの旧市街地
街全体が地中海沿岸の石灰岩の白い建物からなり、モスクがあちこちに見える

このイスラームで「禁止」を**ハラーム**といい、イスラームの5段階の義務規定（「義務」「推奨」「合法」「回避」「禁止」）のうちの一つである。ハラームは立法者がその実行を禁じ

たことであり、その禁止を犯した者は来世でもアッラーの懲罰を受け、現世でも法的な処罰を科されるとされる。飲酒やブタ肉がハラームであり、果実のなる木の根元への放尿や同性愛もハラームである。イランやサウジアラビアでは刑法で「ソドミー罪」が定められており、同性同士の性交が確認されると死刑に処されるほど厳格に罰せられる。

ハラームに対してイスラム法で許された項目を**ハラール**という。イスラム法上で食べることが許されている食材や料理も指すため、最近、日本でもムスリムの人たちの増加とともに、イスラム法で合法な加工や調理作法が遵守された食品すなわちハラールを提供する店が増えてきた。

セネガルはイスラームの国だが、とくに**イスラームスーフィズム**（スンニ派の系統に属する神秘主義的なイスラム哲学で、厳しい修行と禁欲を重視する）の流れを汲むムリッド教団（19世紀末、教祖バンバによりセネガルで広められた教え）が急速に拡大している。ムリッド教団の宗教的指導者は「マラブー」と呼ばれて崇拝されている。信者は自分の好きなマラブーを選んで指導を受けることになるが、それは一種の芸能人に近いものがある。街のあちこちでマラブーのブロマイドが売られ、車の運転席の窓際にはひいきのマラブーの写真が飾ってある。マラブーは経済的にも大きな力を持ち、タクシーやトラックなどの運送業やレストラン経営（写真2－26）など多角的に事業を行っている。薬草の知識のあるマラブーは伝統医の役割も果たしている。

クルアーンを学ぶ学校ダーラではたくさんのタリベと呼ばれる生徒たちが木の板に書かれたクルアーンを学び、日中は街に出て食べ物やお金の施しを得ている。アフガ

写真２－26　マラブーの経営するレストラン　弟子が運営している。壁面には伝説のマラブーが描かれている

写真２－27　イスラームのクルアーン（コーラン）を学ぶ学校ダーラの生徒タリベ　タリベたちは日中、街でお金などの物乞いをしている

ニスタンを実効支配するイスラーム原理主義組織、タリバン（ターリバーン）もパシュトー語で「神学生」を意味する（写真2－27）。

アフリカの東海岸には季節風を利用した帆船による交易によって、イスラームやアラブ社会が広がっている。イスラームの衣装を身につけた人々や、アラブ式の細い迷路のような街路が張り巡らされた街並みが典型的に見られる。私が学生といっしょにラム島からダウ船と呼ばれる帆船（150頁写真2－13）で近くの島に魚釣りと泳ぎに行って、水着のままラム島に戻ると、船着き場で地元住民から「ビーチではその格好でもいいけど、ここではきちんと服を着てくれ」と注意された。アフリカにいて、うっかりイスラームのアラブ社会であることを忘れていたのだ。

東アフリカで典型的なアラブ社会、イスラームが根付いているのがタンザニアのザンジバル島である（115頁写真2－3）。8～9世紀頃、ペルシア湾からムスリムのペルシア人（シラジと自称）が東アフリカ沿岸部に移住し、**ザンジバル**には15世紀末までにシラジの独立スルタン王朝ができた。1499年に、バスコ・ダ・ガマがザンジバルを訪れたのをきっかけに、16世紀初めにはポルトガル人が東アフリカ沿岸部を約200年間支配した。しかし、オマーンのサイイド・サイードがポルトガル人を追放してザンジバルの王となり、1832年には宮廷をザンジバルに移した。以降、ザンジバルに繁栄がもたらされる。

アフリカなどイスラームが信仰されている国に行くと、周辺に住むムスリムたちに、拡声器で礼拝の時間が来ることを伝えて、モスクに集まるように知らせるアザーンという呼び掛けが1日5回行われる。第1回目は朝の3〜4時頃なので、たいていその大音響で目が覚めてしまう。モスクに行けないムスリムのために空港などにも礼拝室がある。みな、イスラームの聖地であるサウジアラビアのメッカの方角に向かって礼拝するのだが、私が大学院生だったときにもインドネシアからの留学生が礼拝の時間になると手足を洗い、研究室の中に敷物を敷き、メッカに向かって礼拝をしている光景をよく目にした。

仏　教

同性愛に寛容な宗教？

仏教は大きく**大乗仏教**と**上座部仏教**に分けられる。大乗仏教の信徒が約3億9600万人、上座部仏教の信徒が1億3800万人と言われている（2020年現在）。上座部仏教はかつて小乗仏教と呼ばれていた。これは上座部仏教が出家して厳しい修行を積んだ僧侶だけが悟りを開き救われるという教えに対し、大乗仏教は出家して厳しい修行をしなくとも、信仰心厚く善行を積めばすべての人が救われるという趣旨に由来する。つまり、大乗仏教のほうが乗り物が大きく、上座部仏教は乗り物が小さいと、大乗仏教側からの「小さな（劣った）乗り物（救済）」という蔑視の意味で「小乗」という言葉が使われてきたのである。上座部仏教はタイやカンボジア、ミャンマーなど東南アジアで信仰され（写真2－28）、とくにタイは人口の83％が仏教徒で上座部仏教の中心地になっている。大乗仏教は中国から朝鮮半島を通って日本にもたらされた。

仏教は紀元前5世紀にインド北部のガンジス川中流域で釈迦が提唱して発生した宗教だが、7世紀頃にはすでに発祥地のインドでは廃れてしまっていた。**河口慧海《えかい》**は、中国や日本に伝承されている漢語に訳された仏典に疑問をおぼえ、真の仏陀本来の教えを理解しようと思い立ち、鎖国状態のチベットに潜入してサンスクリット語の原典とチベット語訳の仏典入手を決意した。そして、1900年に日本人として初めてネパールからチベットへの密入国を果たし、1901年にはラサのセラ寺の大学にチベット人僧として入学した。河口慧海は帰国後その体験を新聞に連載し、1904年には『西蔵旅行記』として出版、1909年には『Three Years in Tibet』としてインドの出版社から刊行した。この本は現在白水社と講談社学術文庫から出ているが、歴史的資料として価値があるだけでなく、痛快におもしろい。旅行記によれば、慧海は死に直面しながら壮絶な思いでカイラス山を目指した。

カイラス山（標高6656m［文献によっては6638m、6714m］）は信仰の山であるため登頂許可が下りず未踏の山である。仏教（とくにチベット仏教）、ボン教、ヒンドゥー教、ジャイナ教の聖地となっている。ヒンドゥー教ではカイラス山をリンガ（男根）として崇拝している。カイラス山の周囲の巡礼路を、チベット仏教徒は右回りに、ボン教徒は左回りに巡礼を行う。

写真2－28　ラオスのルアンパバーンでの僧侶による托鉢
ラオスは熱心な仏教国である

チベット仏教はチベットやブータン（国教）、インドのシッキム、ラダック、アルナーチャル・プラデーシュ、モンゴルなどで信仰されている。8〜12世紀に後期密教（無上瑜伽《ゆが》タントラ等）の教えを中心としたインド密教を広範に受け入れ独自に発展していった。最古派のニンマ派は実際にタントラ的な行法（性的ヨーガ）を実践するが、ゲルク派、カギュ派、サキャ派ではイニシエーション（灌《かん》

写真2－29　ニンマ派のキムネ仏僧院の中に描かれているマンダラの壁画　壁一面にいろいろな守護尊（男性尊格）がそれぞれの明妃（ダーキニー）を抱いている姿が描かれている

頂《じょう》）における視覚化の瞑想を通して象徴的に行われるにすぎないという。タントラ仏教は9世紀以降の後期密教のことを指し、密教はきわめて神秘主義的・象徴主義的な教義を教団内部の師資《しし》相承《そうしょう》によって伝承していく。ヒンドゥー教および仏教の双方のタントラ（密教）思想では、究極的実在としてのレベルでの男性原理と女性原理の融合・合体において最高の真理の示現《じげん》があるとされ、これは究極の完成であり、至福の境地「マハースカ（大楽《だいらく》）」であるとされる。

タントラ仏教（後期密教）においては、活動的で慈悲を与える男性原理ウパーヤ（方便《ほうべん》）が、不変で無特質の空性である女性原理プラジュニャー（般若《はんにゃ》）と融合すると究極的実在が生まれ、これが至福の境地であると説かれる。チベット・ネパールの仏教美術には、男性の主尊が女性の配偶者である明妃《みょうひ》（ダーキニー）を抱擁し、そのほかの各尊もそれぞれに明妃を抱いた姿で曼荼羅《まんだら》上に描かれたヤブユム（男女両尊、父母仏、歓喜《かんぎ》仏）が多出する（写真2－29）。この場合、男女の両尊がユガナッダ（合体）の境にあることを示すために、身体の各部分をセクシャルに具体的に融合させている（写真2－30）。

写真2－30　タワン地方のお寺に安置されていたヤブユム（男女両尊、父母仏、歓喜仏）　これはチャクラ・サンヴァラ（最勝楽）とその明妃ヴァジュラ・ヴァーラーヒー（金剛亥母）と思われる

注意すべきは、『チベットの死者の書』にも繰り返し警告されているように、これらのヤブユム（男女合体）の姿に俗的な情欲や愛着を生じてはならない。情欲を超えて全存在の根底にある空性を覚知するにいたることによって、真の至福と歓喜がもたらされ、解脱《げだつ》が達成されるとしている。

　私がニンマ派において現在タントラ的行為（性的ヨーガ）がどの

ように実践されているかをアルナーチャル・プラデーシュ（167頁図2－9）で調べたところ、ニンマ派はラブジュン派とナクパ派に分かれていることがわかった。ナクパは女性との性交や結婚が許されているが、ラブジュンはそれらが許されていない。ナクパでは修行僧が3～4年間、山の洞窟にこもって禁欲的な修行を積み、自身のさまざまな欲望、とくに性欲を制御できるようになってはじめて僧になれる。そのため修行僧が20歳頃にラブジュンかナクパかを選択する際、多くの僧はラブジュンに属し、ナクパの僧はわずかである。ルパという町にあるチリパム仏僧院では150人の僧のうちナクパは5人だけであった。

同性愛はキリスト教やイスラームでは厳しく禁じられているが、仏教では比較的寛容であった。日本でも平安時代以降、真言宗や天台宗の寺院では剃髪《ていはつ》しない少年修行僧が稚児《ちご》と呼ばれ、女人禁制のために稚児が男色の対象にされてきた。戦国時代においても主君とともに戦場に赴き側近として働き、男色の対象にもなった小姓がいた。織田信長の小姓前田利家や森蘭丸、武田信玄の小姓高坂弾正《こうさかだんじょう》、上杉謙信の小姓直江兼続《なおえかねつぐ》、豊臣秀吉の小姓石田三成、徳川家康の小姓井伊直政など、主君に身をもって仕え、固い主従関係の結束を保っていたのだった。信玄が春日源助（後の高坂弾正）に宛てた直筆の手紙が残っている。「弥七郎伽《とぎ》に寝させ候事之《これ》なく候［中略］なかんずく今夜は存じも寄らず候の事」（『新編会津風土記』）。信玄が弥七郎と浮気をして源助が嫉妬ですねてしまったので、「私は弥七郎と寝たことは一度もない。今夜だって……」

と弁明している手紙である。これを見ると主君と小姓の関係は夫と妻のように、対外的には主君でも小姓に頭が上がらなかった感じがする。

　１５４９年にイエズス会の宣教師フランシスコ・ザビエルがキリスト教布教のために来日したが、僧侶たちの男色について怒ってイエズス会に手紙を送っている。ザビエルは手紙で、僧侶たちの同性愛の情事が公然と認められていることを「言語道断の情欲」「憎むべき悪徳」として仏教批判をしたのだった。仏教が同性愛に寛容なせいか、熱心な仏教国であるタイにはレディーボーイ（男性から女性に性転換した人）が多い。また、最近のニュースで、ホテルがお寺と組んで同性間の結婚式プランをはじめたと報じられていた。京都市内の臨済宗の寺院、春光院では、海外からの問い合わせで仏教の経典を調べたところ、同性婚を禁じた記述はなかったので何年も前からお寺での同性間の仏前結婚式を取り行っているという。

何でも取り込む宗教

ヒンドゥー教

ヒンドゥー教は日本人の神道やユダヤ人のユダヤ教と同様、インド人の民族宗教である（写真2－31）。インドには実にさまざまな民族がいるが、そのような複雑な民族からなる多種多様なインド文化をまとめる役割としてヒンドゥー教は存在している。また、ヒンドゥー教はキリストやムハンマド、釈迦のような開祖を持たない。ヒンドゥー教はアーリア人の唱えた**バラモン教**から聖典や**カースト制度**を引き継ぎ、先住民の土着の信仰や神々、崇拝様式を吸収しながら形成されていった多神教である。おびただしい数の民族集団のそれぞれの信仰対象がどれもヒンドゥー教に取り込まれていったのだ。中心となる三大神のうち、ブラフマー神（宇宙の創造を司る神）を信仰する人は減り、ヴィシュヌ神（宇宙の維持を司る神）とシヴァ神（宇宙の寿命が尽きたときに世界を破壊して次の世界創造に備える神）が二大神と称され多くの信者がいる。仏教はヒンドゥー教の影響を大きく受けており、たとえばブラフマー神が仏教に取り入れられたのが仏教の守護神である梵天《ぼんてん》である。

宗教の対立は世界各地で起きている。ヒンドゥー教とイスラームの対立が深刻なのが、**カシミール地方**である（167頁図2－9）。10世紀にはこのインド北部にイスラム教徒が侵入し、1526年にはムガル帝国が成立した。ムスリム支配下でインド北部のパンジャブ地方やパキスタン南部のシンド地方ではとくに下位カースト者がイスラームに改宗した。しかし、ムスリム政権はヒンドゥー社会そのままを壊さず支配してきた。その後インド亜大陸がイギリスの植民地になり、1947年にインドとパキスタン（現バングラデシュを含む）が分離独立する際に、国境線が引かれたパンジャブ地方はパキスタン側からヒンドゥー教徒とシク教徒が、インド側からムスリムが移動し、大混乱を起こした。カシミールの藩王ハリ・シンはヒンドゥー教徒だが、住民の多くはムスリムのため、独立時にカシミール藩王がインドへの加入を決めると、パキスタン側は認めず、印パ戦争が引き起こされた。

写真2－31　アルティーは、日没とともに火を灯してガンガに夜のお祈りを捧げるヒンドゥー教の儀式である（インド、リシュケシュ）

なぜ三つの宗教の聖地になっているのか？

エルサレム

エルサレムは**ユダヤ教**、**キリスト教**、**イスラーム**の聖地になっている。紀元前922年頃に興ったイスラエル王国の二代目王ダビデが、エルサレムの地を攻略して都とし、そこにモーセがシナイ山で神から預かったとされる十戒《じっかい》の石板を納めた櫃《ひつ》（アーク）を安置し、息子のソロモン王がその櫃を納めるための神殿を建造したことでエルサレムがユダヤ教の聖地となった。キリスト教では、エルサレムはイエスが十字架にかけられ処刑されたものの、3日目にキリスト（救い主）として復活した場所として聖地となっている。イスラームではメッカのカーバ神殿が礼拝を行う方向とされる以前は、ユダヤ教徒にならってエルサレムの神殿が礼拝の方向とされ、預言者ムハンマドもエルサレムに向かって礼拝していたため聖地となっている。ちなみにアラビア語でエルサレムのことをアル＝クドス（聖地）という。

しかし、20世紀に入ってユダヤ人の**シオニズム運動**（イスラエルの地（**パレスチナ**）に故郷を再建し、ユダヤ教やイスラエル文化を復興しようとする**ユダヤ人**による運動）であ

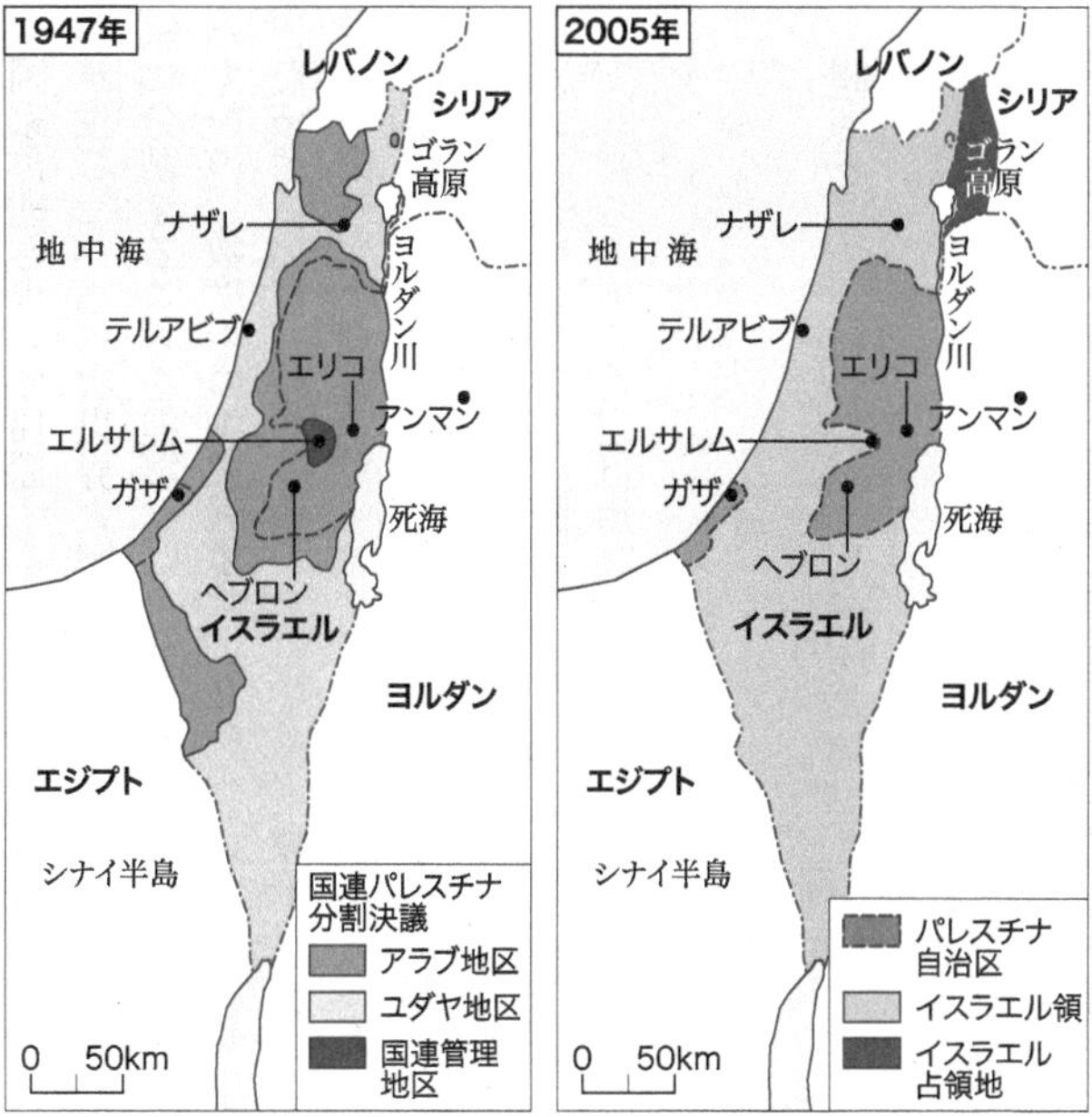

図2－10　パレスチナ紛争（矢田ほか 2008）

る国家再建を求めて帰還するユダヤ人が増え、パレスチナの**アラブ人**とのあいだで紛争が生じた。第二次世界大戦後、国際連合はパレスチナをユダヤ人国家とアラブ人国家に分割することを提案し、1948年にはユダヤ人国家としてイスラエルが成立したものの、数度もの**中東戦争**によりエルサレムはパレスチナとイスラエルの紛争の地となっていった（図2－10）。そして中東戦争のたびに多数のパレスチナ難民が生まれた。第三次中東戦争でイスラエルの支配下に入ったヨルダン川西岸地区やガザ地区には難民キャンプがつくられ、多数のパレスチナ難民が生活している。このような背景のもと、イスラエルに対抗する勢力として**パレスチナ解放機構（PLO）**が活動をはじめ、互いの攻撃の応酬となった。1993年にはイスラエルとPLOの交渉が進み、パレスチナの暫定自治を認める協定が調印されたものの、争いはいまだ続いている。

世界各地で行われている山岳信仰

自然崇拝

私は世界のあちこちで、山に神や精霊《せいれい》が宿ると信じられて信仰の対象になっている場面に出くわすことが少なくない（詳しくは「なぜ世界どこでも山が信仰の対象になるのか？—御嶽山、愛宕山、ヒマラヤ、ケニア山、アグン山（インドネシア・バリ島）、アンデス—」［水野一晴『世界と日本の地理の謎を解く』参照］）。たとえばアフリカのケニア山やキリマンジャロでは、山頂にNgai（ンガイ、神）が住み着いていると信じられ、信仰の対象となっている。ケニア山周辺に住むキクユの人々は、干ばつが続くと90歳以上の男性４人が家族と離れて１軒の家の中で１週間にわたってンガイに祈り、その後、大きなイチジク（あるいはスギやオリーブ）の木の下で子羊を生け贄にしてンガイに向かって祈り続ける。子羊は色が真っ黒か真っ白のものに限られている。この儀式で雨が降らなければ、またこの行為が繰り返される。この祈りは平和や健康などについても行われる。毎年12月27日には、ケニア山周辺の人々約３０００人が車や貸し

写真２－32　ケニア山周辺の町から見えるケニア山　山頂にはンガイ（神）が住んでいるとして信仰の対象になっている

切りバスで移動しながらケニア山に向かって祈るという（写真2－32）。ケニア山の山岳信仰については、私のかつての指導大学院生であった大谷侑也さんのコラム「息づく山岳信仰―神が住む山　キリニャガ（ケニア山）」（水野一晴編『アンデス自然学』）に詳しい。

この**山岳信仰**はインドと中国の国境紛争地域であるアルナーチャル・プラデーシュ州のモンパ民族でも見られた。山の神へ捧げ物を行う自然崇拝の祭式があり、**シャーマン**によって山の神が呼び寄せられ（写真2－33）、ヤギや牛などが山の神に捧げられる。この地では捧げられた家畜は殺されず、儀式の後で放たれる（詳しくは水野一晴著『神秘の大地、アルナチャル―アッサム・ヒマラヤの自然とチベット人の社会』やMizuno and Tenpa『Himalayan Nature and Tibetan Buddhist Culture in Arunachal Pradesh, India: A Study of Monpa』を参照）。

旧約聖書にも罪を償うために生け贄を捧げる習慣について記述があり、子羊は生け贄の一つになっている。キリスト教では、ユダヤ教の場合と同様に、生け贄を捧げ、「けがれのない」子羊の血を振りまくことで、罪は赦され得るものであった。キリスト教徒たちは、けがれのない神の子羊であるイエスの血によって、信徒たちも罪が赦され得ると信じるのである。

世の中の事件の中には、組織を守るために個人が犠牲になるというものがよく見られる。その組織とは、政治的なものや企業・団体のみならず、大学や小・中学校などの教育現場にまで及んでいる。犠牲になるのは弱い立場の個人であり、教育機関の場合、一教師や、大学院生、学生、生徒とさまざまである。最近テレビのニュースで、ある教育機関の記者会見が放映されていて、その内容を知って何かやるせない気持ちになった。その内容をアメリカ人の友人に話したら、「まさに sacrificial lamb だね」とびっくりしていた。英語の慣用句で「sacrificial lamb 生《い》け贄《にえ》の子羊」は、スケープゴート（scapegoat：贖罪《しょくざい》のヤギ、身代わり、生け贄）、とかげのしっぽ、捨て石（ほかの利益のために犠牲にされた人や事柄）のことを意味する。

写真２－33　アルナーチャル・ヒマラヤ地域のチベット系のモンパ民族によって行われている、山の神へ捧げ物を行う自然崇拝の祭式　シャーマン（角が出ているような帽子をかぶっている人）が山の神を呼び寄せ、山の神に家畜を捧げる儀式が行われている。脇にはその助手、ツァングメンがシャーマンの言葉を翻訳し、そのまわりをブロパ（男性）とブロム（女性）と呼ばれるダンサーが踊る

トイレで水を流しながら用をたすのは日本人女性だけ？

日本と海外の生活・文化の違い

世界各地域の生活・文化は多様である。私は海外に滞在すると、日本と大きく違うなあと実感する生活や文化の場面にときどき出くわす。そのような場面について思いつくまま述べてみる。

まず、日本人とヨーロッパ人の違いである。まず、音に関することだ。日本はうどんやラーメンなどを汁をすすりながら音を立てて食べるが、ヨーロッパ人は食事をするときやコーヒーや紅茶を飲むときに音を立てるのをいやがる。しかし、逆の場合もある。ヨーロッパ人は鼻をかむとき、女子学生でも静かな教室で思いっきりチ〜ンとかむ。また、日本の女性はトイレで用をたすとき、音を消すために水を流すことが多い。最近は水の節約のためにわざわざその音を出す装置「音姫」なるものまで女子トイレについていることがある。しかし、ヨーロッパ社会で女性がトイレで用をたすときに水を流すことはまずない。音に対する考え方がヨーロッパ人と日本人では異なるのだ。

また、日本人は庭やベランダなど、まわりの人から見える場所でも洗濯物を干しているが、ヨーロッパでは見えない場所に干すか乾燥機を使っている。私は2012年にドイツに3ヵ月間住んだが、その時は運悪く大学のゲストハウスが改修中であった。ドイツでは戦後長らく徴兵制があったが2011年に廃止された。多くの男子学生が大学に入る前に兵役（または市民ボランティア）に1年近く行っていたのが、2012年になくなったため、2012年は大学に平年の2倍近くの男子学生が入学することになった。そのため一般のアパートも学生でいっぱいで、けっきょく、半年間フィンランドに留学する男子学生から学生寮の部屋を借りた。

その学生寮は社会人も交じっているものの大半は大学生で、男性も女性も住んでいる。地下にある部屋に洗濯機2台と乾燥機1台が置いてあったので、私はそれを使って洗濯をしていた。その洗濯室の鍵は、入居する際に部屋の鍵や玄関の鍵とともに渡されていた。その洗濯室の部屋の鍵を開けて電気をつけるとびっくり。女子学生たちが洗濯した下着を洗濯室中に紐を渡して干している。男子学生も干しているが、女子学生のほうが多い。これは日本ではあり得ないことではないだろうか。私は洗濯物を自分の部屋で干している。なにも洗濯室で干す必要はない。他人に見えない場所で洗濯物を干すヨーロッパ社会において、なぜ、男性も入室する洗濯室に女子学生が下着を干すのか理解できなかった。ひょっとしたら、日本で起きている下着泥棒という犯罪はヨーロッパ社会ではまれなのかもしれない。

ついでながら、日本で売られているｉＰｈｏｎｅなどのスマートフォンは、写真を撮るときにシャッター音がする。あらたにソフトを入れない限り、その音を出さないようにすることはできない。しかし、同じｉＰｈｏｎｅでも海外で売られているものは消音設定ができるようになっている。これは、日本では盗撮という犯罪が海外に比べてとくに多いためだという。また、電車やバスなどの中での痴漢行為はアフリカではあり得ない。その代わり、アフリカではレイプが少なくない。国によって多発する犯罪の種類も異なっている。

ヨーロッパ人は古い物や伝統的な物を重んじる。したがって古物市がさかんであり、伝統的な建物の保存に熱心だ。ドイツのロマンティック街道（日本人によって命名された）にノイシュヴァンシュタイン城というお城があり日本人観光客は殺到するが、ドイツ人はあまり訪れない。日本人はこのお城がディズニーランドのシンデレラ城のモデルと言われ、かつ大きなお城というのでたくさん訪れる。しかし、ドイツ人はこのお城が中世に憧れたバイエルン王ルートヴィヒ2世によって、王の趣味で中世のお城を真似た、たかだか百数十年前（日本では明治19年）に建設されたものであり、歴史的価値が低いといってあまり訪れないのだ。

ヨーロッパ人は新しい物や便利な物にすぐに飛びつかない。たとえば、ヨーロッパの車の大半はマニュアルカーでオートマチックカーは少ない。踏むだけで走る車より、ギアチェンジを楽しめる車のほうがヨーロッパ人は好きなのだ。同じように、コンビニエンスストアーは非常に少ない。パリでは北アフリカのかつてのフランス植民地（アルジェリアやチュニジア、モロッコなど）からの移住者たちが街で果物屋を経営していて、その果物屋で食料品や日用雑貨、お酒などが購入でき、夜11時くらいまで開いている。ドイツでも24時間開いている店はガソリンスタンドに併設された売店だけである。ヨーロッパではキリスト教の日曜礼拝の関係で、日曜日には大半の店が閉まってしまう。それで買い物は土曜日にする人が多い。日曜日に店を開けばたくさんお客が来るので儲かるという発想にヨーロッパ人はならないのだ。

ヨーロッパ人の太陽の光に対する欲望は、我々日本人にはなかなか理解しがたいものがある。ヨーロッパの多くの国は緯度が高いため（たとえば北緯40度は日本では秋田付近だが、ヨーロッパでは南欧のマドリード付近にあたる）、一般に太陽高度が日本より低い。おまけにイギリスやドイツ、フランスなどの西ヨーロッパでは、秋から冬にかけてあまり晴れず、どんよりと曇っている。そのため、春になって暖かくなると、ヨーロッパ人は一斉にレストランの室内ではなく、外のテラスでお茶を飲む（写真2－34）。そして太陽の光を体中に浴びようとする。その典型が夏の公園での日光浴である。たくさんの人が公園で水着や短パン姿になって日光浴を楽しむのは日常的な風景である。最も日射が強い夏に、イギリスやドイツ、北欧などからたくさんの観光客が

写真２－34　春になると、みなレストランの屋外で太陽の日射を浴びながら、お茶を飲んだり、食事をする（ドイツ、４月16日）

ニースや**モナコ**などの地中海沿岸の**コートダジュール**に太陽の光を求めてバカンスにやって来るのだ。

　日本やアジア社会では、アダルト映画やアダルトビデオには一部にモザイクをかけて見えないようにしている。ヨーロッパではモザイクをかけることはない。私が思うに、モザイクをかけるというのはアジア的、仏教的風土には合っているような気がする。あいまいさが日本の特徴であるように思える。多くの日本人がクリスマスやバレンタインデーにはキリスト教徒になり、教会で結婚式を挙げ、正月はみな神社にお参りに行っておみくじを引いて神道を信じ、お盆にはみな仏教徒になり、家には仏壇がある人が多い。したがってモザイクも日本的あいまいさの表れだと思う。

　かつてフランスのモンペリエのホテルで夜の8時くらいにテレビをつけたら、大島渚監督の『愛のコリーダ』が放映されていた。大島監督が日本で映画がずたずたにカットされたことについて激怒されていたことを思い出した。この映画は昭和初期に愛人の局部を切り取って持ち歩いた阿部定事件をモデルにしたもので、局部のアップシーンとかが画面いっぱいに出てきて、日本でカット済みの映画しか見ていなかった私は、こういう映画だったのかと思い知らされた。そういう部分がすべてカットされたらこの映画の意味は薄れ、大島監督の激怒もわかるような気がした。それにしても子供がまだ起きている夜の8時にこのような映画をテレビの地上波で放映するフランスにはびっくりさせられた。

日本とアフリカの違いはどうだろうか。アフリカはいまだ男性中心の社会である。アフリカで広く見られる一夫多妻制や女子割礼などがそういった社会の表れである。アフリカの男はとにかく働かない。働くのはつねに女性だ。男はたまの農作業を終えたら、昼間から酒を飲んでいる。一方女性はどうだろうか。水道がない農村部などでは遠くまで歩いて水汲みに行かなくてはならない。また、調理の燃料となる薪を採りにいかなくてはならない。水汲みと薪集めは女性と子供の仕事と決まっていて、大人の男性はけっしてやらない（写真2-35）。さらに女性は川に行って洗濯をしなくてはならない。食事を作り、洗い物をし、掃除をして子供の世話をし……、それらはすべて女性の仕事だ。そのため女性には非常に過度な負担が重くのしかかり、早死にする

写真２－35　アフリカでは１～２時間も歩いて薪集めをするのは女性と子供たちの仕事と決まっている（エチオピア）

女性が少なくない。一夫多妻制は、妻同士の嫉妬をもたらし、よくないことも多いが、重労働を分担できるという点では女性にとって助かる面もある。それらの重労働の負担を減らすためにはなんといっても子供が必要だ。それが子だくさんにつながっている。食事はまず男性たちが集まって済ませ、その後に女性たちが集まって食事をする場面をよく目にする。

女子割礼と言われる女性器切除は古くからアフリカで大人の女性への通過儀礼として広く行われている風習だが、近年は著しい女性虐待であるとして国際社会において非難の声が上がっており、廃止された地域もあるもののいまだ多くの地域で根強く残っている。

また、南部アフリカではＨＩＶ感染者が多く、２００８年にナミビア（人口２１０万人）は妊婦のＨＩＶ感染率が17・8％、ＯＶＣ（Orphans and Vulnerable Children：

「エイズ遺児とＨＩＶ／ＡＩＤＳのために弱い立場に置かれた子供たち」）は推定25万人で、そのうち15万５０００人が孤児と推定されている。このような弱い立場に置かれた子供たちは十分な教育を受ける機会に恵まれていない。私はナミブ砂漠にあまり人が住んでいないのに、砂漠にある小学校の校庭でたくさんの子供が遊んでいるのを見て不思議に思って訪問したことがある。その学校は生徒数２８９人で、そのうち両親のいない生徒が１７０人いて、その多くの両親がＨＩＶ・エイズで亡くなったという。全国から孤児が集まり先生も生徒も全員が寮で生活していた（写真２－36）。南部アフリカでＨＩＶ感染が深刻化しはじめると、処女の少女と性交すればエイズが治るという恐るべき迷信が流布し、少女へのレイプが多発して社会は重篤な状況に陥った。何とも痛ましい犯罪である。

写真２－36　ナミブ砂漠にある小学校　全校生徒289人のうち両親のいない生徒は170人で、その孤児の多くは親をエイズで亡くした

私の学生たちはアフリカの現地に何ヵ月も住んで調査を行っている。学生に興味のあるテーマを聞いて、最初は私も現地に同行し、いっしょに調査地を探す。そこで問題なのは彼らが住む家である。見知らぬ村を訪れ、村長や村人と交渉してどこかの家に同居させてもらうか、空き家を借りて住むのだが、これまでどこの村人も快く受け入れてくれた。これにはほんとうに感謝している。彼らは半年くらい調査していったん帰国し、1～2年後に再度訪れるのだが、再訪のときには村中もう大変な騒ぎになって大歓迎してくれる。この光景を見るといつも学生たちをうらやましく思う。彼らの第2の故郷がアフリカにできたのだ。

世界は広い。実際に現場を訪れて自分の目で見るといろいろな世界が見えてくる。ぜひ、読者のみなさんも実際にいろいろな場所を歩いてみて、多様な世界を理解していただきたい。

3 村落と都市

3-1 村 落

村はどのようにできていくのか？

村落の立地

日本国内や海外の農村地帯を訪れると、家屋が集まって村落をつくっている場合と家が点在している場合がある。家屋が密集して村落をつくっている場合を**集村**と呼び、家屋が一戸または数戸ずつ散在している集落を**散村**と呼んでいる。家が集まっているほうが共同作業を行いやすく、防御の点でも適しているので、一般には集村がよく見られる。自然条件から言えば、後背湿地の中の自然堤防上は洪水から守られ地盤もよいので、日本では、沖積平野の**氾濫原**では**後背湿地**が水田になり、**自然堤防**のところに住居が集まって村落をつくっている。

また、**扇状地**の扇端は水を得やすいため、扇端に沿って集落が分布している。このような道路以外の要因で列状に民家が立っている場合を**列村**と呼んでいる（写真3-1）。道路に沿って家屋が列状に並んだ集落である**路村**に対して、主要道路に沿って家屋が連続して密集し、商業的機能を持つものを**街村**と呼び、日本の近世の**宿場町**は典型的な街村である。自然発生的に民家が塊状に集合した集落は**塊村**と呼ばれ、奈良盆地の**条里集落**などがこれに相当する。

写真3－1　ポーランド上空から見た列村あるいは路村
住居が川や道路に沿って並び、住居の背後にはそれぞれの世帯の所有する農地が細長く短冊状に分布している

ヨーロッパのドイツやポーランドなどでは広場を中心に家屋が環状に並ぶ**円村**がよく見られる。クリスマスの頃にはこの円村の中心の広場でクリスマスマーケットが開かれ、また、日曜日の骨董市などもこの広場で行われたりする（写真3－2）。

アメリカやオーストラリアなどの新大陸では、国内の治安がよく、外敵への備えの必要性が低かったため、大規模な耕作や牧場経営に有利な散村がよく見られる。日本では散村は少ないが、富山県の**砺波平野**《となみ》は典型的な散村である。砺波平野を流れる庄川が江戸時代

写真3－2　町の中央にある広場が冬にはスケートリンクに変わっていた（スロベニア）

以前はたびたび氾濫したため、洪水の害を受けにくい微高地を選んで家を建てて、その周囲を水田とした散村構造となった。このほうが耕作には便利である。

しかし、住居がばらばらに立地すると、それぞれの住居が冬の厳しい風雪にさらされるため、それを防ぐ目的で家屋の周囲にカイニョと呼ばれる屋敷林を設けた。砺波地方には「高（土地）は売ってもカイニョは売るな」という言葉が古くから伝わり、屋敷林は大切に守られてきた。屋敷林には燃料や建築材にもなる杉が植えられていることが多いが、かつては女の子が生まれると、将来の嫁入りに備えて桐《きり》が植えられることも多かった。日本海側は春先にフェーン現象による火災が生じることがあり、散村は類焼を防ぐためでもあった。

散村は、出雲平野（島根県）や讃岐《さぬき》平野（香川県）、大井川扇状地（静岡県）、十勝平

野（北海道）、胆沢《いさわ》扇状地（岩手県）、黒部川扇状地（富山県）にも見られ、岩手県奥州市、山形県飯豊《いいで》町、富山県入善町《にゅうぜんまち》、富山県砺波市、島根県出雲市などによって全国散居村サミットも開催されている。

村落の発達を歴史的に見ていくと、古代（奈良時代）に成立した村落形態として、大化改新にともなう班田収授制で成立した村落の**条里集落**がある。碁盤目状の地割を持ち、条・里・坪・反のつく地名が多い。奈良盆地、近江盆地、讃岐平野など近畿以西に多く分布している。中世には戦乱が続いたため防御的集落が多く成立した。**豪族屋敷村**は荘園領主である豪族の屋敷を中心に形成された防御的村落で、土濠や堀で囲まれている。館《たて・たち》、根小屋《ねごや》（根古屋）、堀ノ内、箕輪《みのわ》、寄居《よりい》などの地名がついていて、東北地方に多い。

奈良盆地など西日本には**環濠集落**《かんごう》があり、防御的な役割として周囲を堀で取り囲んでいる。**隠田百姓村**《おんでん》は地租を納めない隠し田を持つ山間僻地の村で、**五家荘**《ごかのしょう》（熊本）や**祖谷**《いや》（徳島）、**白川郷**（岐阜）などがある。多くは山間部の奥深い場所にあり、焼畑農耕によってヒエ、豆類、アワ、トウモロコシ、ソバなどを栽培していた。平家の落武者が住み着いたという伝説もあり、五家荘や祖谷などでは平家谷と呼ばれている。

近世（江戸時代）には**新田集落**《しんでん》が成立した。**台地**や火山山麓、干潟など、それまで水田化されなかった場所が、江戸時代の農耕技術や土木技術の発展によりあらたに開拓されて立地した集落で、新田という地名がつく場合が多い。近代（明治時代）には**屯田兵村**《とんでんへいそん》が誕生した。士族授産や北海道の防衛と開拓が目的で、アメリカやカナダの**タウンシップ制**（入植者への公有地分割制度）を模してつくられた村落で、直交する直線道路で区画されている。アメリカでは、公有地に5年間定住し開墾した者に対して、土地160エーカーを無償交付するという**ホームステッド法**が1862年に制定されたのにともない、18世紀後半から19世紀後半にかけて施行されたタウンシップ制が発達した。6マイル四方の土地を単位にタウンシップと呼び、これを1マイル四方の土地の36区画（セクション）に等分し、この一区画をさらに4等分（64 ha）して碁盤目状の地割りを行った。この64 haの土地に一家族が入植し、農業開拓を行い、それによって西部開拓が急速に進んだのであった。

3-2　都　市

ヨーロッパ式の街並みがアフリカや南米では交通渋滞を引き起こしている?

都市の成立と発達

古代には政治・宗教・軍事等の中心としてギリシア（ポリス）・ローマ、中国などに都市が発達した。それらは外敵から守るように城壁に囲まれた**囲郭《いかく》都市**であった（写真3-3）。中世になると交通の発達によって、ヨーロッパの**ハンザ同盟都市**など**自由都市**（**自治都市**）を代表とする商業都市が発達するようになる。ハンザ同盟は中世後期に北ドイツを中心にバルト海沿岸地域の貿易を独占して経済圏を掌握した都市同盟であり、その中心都市であるリューベック、ハンブルク、ブレーメンなどは「**自由ハンザ都市**」と呼ばれていた。産業革命以降は工業都市が発達した。

日本では古代に平城京、平安京、中世に門前町、寺内《じない》町、港町、市場町、近世に城下町や宿場町が発達した。現在の県庁所在地の多くが**城下町**を起源としていて、お城

写真3－3　ドイツ南部の古都レーゲンスブルクに見られるローマ時代の城壁跡　レーゲンスブルクは、かつてケルト族が支配し、176年のローマ軍の侵攻によって駐屯地カストラ・レギナとなり、7世紀には聖エメラムによってキリスト教化され、現在にいたっている。神聖ローマ帝国時代には約200年間、レーゲンスブルクで帝国議会が開かれた

の近くに「丸の内」などの官庁街が立地している。城下町起源の県庁所在地は、47都道府県中、盛岡、秋田、仙台、山形、福島、水戸、宇都宮、前橋、東京、甲府、富山、金沢、福井、静岡、名古屋、津、大阪、和歌山、鳥取、松江、岡山、広島、山口、高松、徳島、松山、高知、福岡、佐賀、大分、熊本、鹿児島と32都市にのぼる（写真3－4）。ほかに青森、横浜、新潟、神戸、長崎は**港町**（写真3－5）、京都は朝廷、公家の町、奈良、長野は**門前町**、さいたま、千葉、岐阜、大津は**宿場町**である。お城は周囲が見渡せる丘陵など高台につくられる場合が多い。平野の場合は、大阪城や名古屋城のように、沖積平野の中の台地の縁《へり》に建てられ、そこからまわりの沖積低地が見渡せるようになっている（図3－1、3－2）。都市の

平面形態は、中国や日本、アメリカなどでは、京都や札幌、シカゴなど**碁盤目状道路（直交路）型**がよく見られる。一方、ヨーロッパでは、パリの凱旋門を中心に放射状に道路が延びている**放射環状路型**が典型的である（写真3－6）。この放射環状路型の

写真3－4　熊本城の周辺は市役所などがある官庁街になっている

写真3－5　長崎は港を中心に市街地が発達した

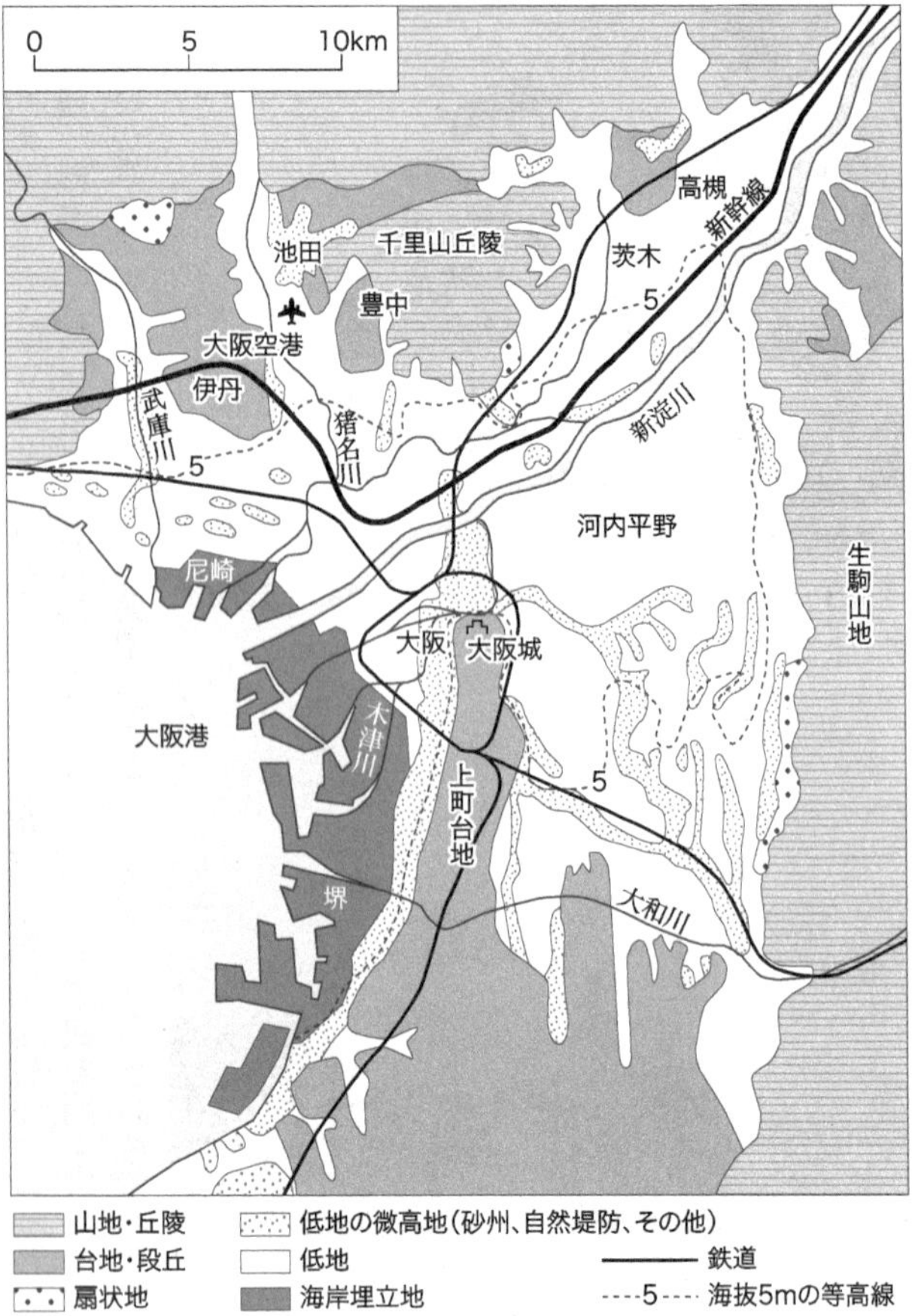

図3－1　大阪の地形と大阪城の位置（成瀬 1985）

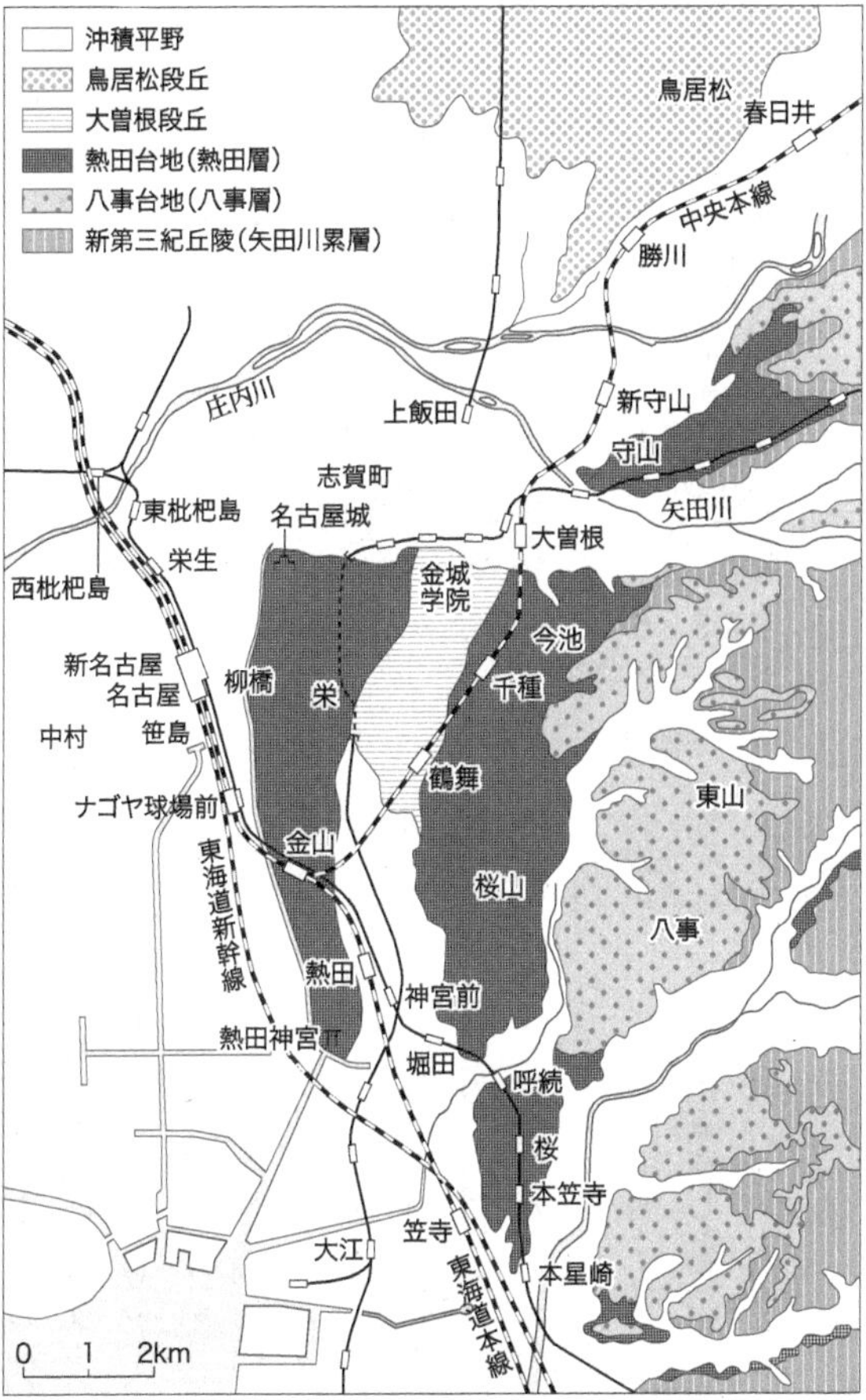

図3－2　名古屋の地形と名古屋城の位置（井関 1994）

写真３－６　パリの街並み　左下がシャイヨー宮、右上が凱旋門で、それらから放射状に道路が延びている。遠方に見える高層ビル群が、パリ近郊にある都市再開発地区のラ・デファンスであり、凱旋門とシャンゼリゼ通りの延長線上に位置する

場合、放射状のハブ（中心）の部分は凱旋門のところのようにランダーバード（ラウンドアバウト、ラウンドバウト）になっている。ランダーバードには信号がなく、ロータリー型の円に減速して進入し時計まわり（イギリス他）や反時計まわり（フランス他）に回りながら、自分の進みたい個所で離脱するというもので、信号がないので待たずに異なった進行方向に進めるという利点がある。アフリカや南米は大半がヨーロッパの植民地であったため、植民地化とともに発達した都市やあらたに首都として建設された都市は、このヨーロッパ型の放射環状路型の街並みになっている。

ところが、発展途上国における首都や最大都市では近年、車の急増による渋滞がすさまじく、とくに、このランダーバードが渋滞の大きな要因になっている。車の数が適度であれば、ロータリー型のランダーバードで車が時計まわりにスムーズに回るのであるが、車の数が多すぎると、どの車も我先にとランダーバードに突っ込んでくるため、糞詰まり状態になって身動きできなくなるのだ。イギリスによるケニアの植民地化のために建設された首都ナイロビでは、最初に訪れた1992年には10分で移動できた距離が、いまでは渋滞時に1時間以上もかかる。ナイロビを訪れるたびにそのひどさは増すばかりだ。とうとうケニア政府もナイロビの市街地のランダーバードを壊して信号を付けようとしたが、その工事がはじまったとたん大渋滞が生じ、けっきょくあきらめてしまった。いまでは、ランダーバードに何人もの警察官が立って、信号の代わりの交通整理を行って、なんとかしのいでいる。

ボリビアの首都ラパスでも通勤時の車の渋滞はすさまじく（写真3－7）、街の中心部は車のプレートナンバーによって街中に入れない曜日が決められている。しかし、渋滞の解消とはならず、2014年には盆地の中心の市街地から盆地の縁まで3本のゴンドラによるロープウェーを開通させ、それによって通勤・通学時間が飛躍的に短くなった（写真3－8）。設備はオーストリア製で、運営はスペインの会社によって行われている。

ほかに都市の平面形態としては、日本の**城下町**や**イスラームの都市**など、防御的な役割から道路がカギ形、T字路などのようになっている**迷路型**がある（写真3－9）。

写真3－7　ボリビアの首都ラパスの夕方の渋滞　発展途上国の首都などの大都市では年々車の渋滞が激しくなっている

写真3－8　ラパスの交通渋滞解消のため、2014年に盆地の底にあるラパスの中心街と盆地の縁のエル・アルト市が3本のゴンドラで結ばれた。市民が通勤や通学に使用している

図3－3は、タンザニアのザンジバル島の旧市街地ストーン・タウンの地図である。アラブ様式とインド様式の建物が多く、そのなかにスワヒリ様式やヨーロッパ様式の建物が見られ、路地は幅が細くて迷路のようになっている（写真3－10）（水野200

写真3－9　イスラーム都市特有の細く迷路のような路地
（チュニジアのチュニス）

写真3－10　ザンジバル（タンザニア）の旧市街地ストーン・タウンのイスラーム都市特有の細く迷路のような路地

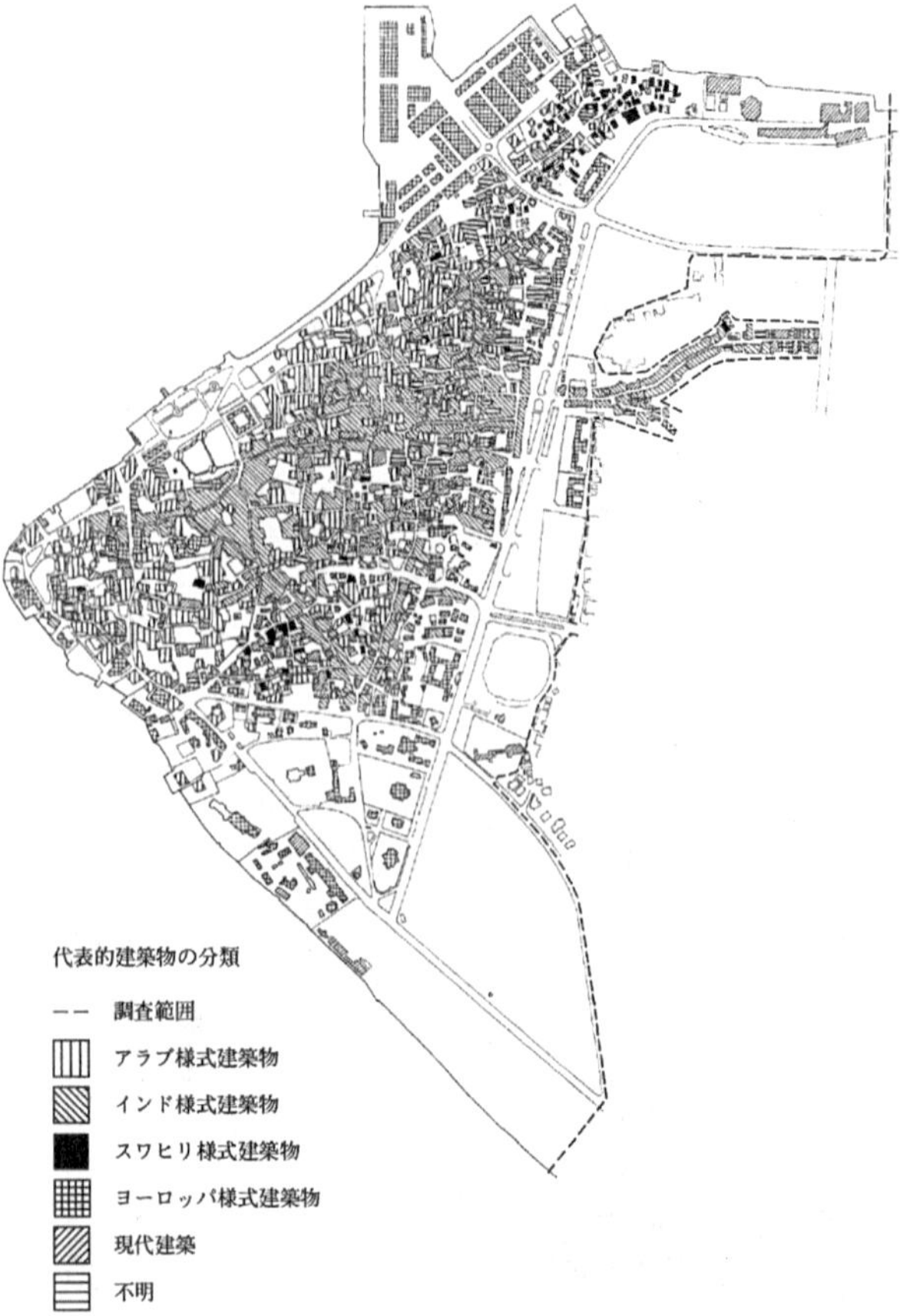

図３－３　ザンジバル（タンザニア）の旧市街地ストーン・タウンにおける建築物と路地の地図（Siravo and Bianca 1996）

7、2017)。

都心のお祭りは学生バイトで維持されている?

都市機能と都市圏、都市地域の分化

都市はその発達とともに巨大化し、**メトロポリス**と呼ばれる巨大都市が生まれていく。都市の発達とともに、生産、流通、消費に関する施設や情報が集積し、教育や文化、医療、行政などのサービスの供給機能を備えた中心地機能が発達していく。中心都市はその周辺に与える影響が大きく、周辺地域を影響下に置く都市圏が形成される。**都市圏**は**サービス圏**、**通勤・通学圏**などの指標で決定される。つまり、その中心都市に通勤や通学で通っている人が住む範囲や、物やサービスが中心都市と流通する範囲が都市圏になる。

都市の拡大とともに都市の内部分化が進んでいく。都心には官庁、金融機関、大企業の本社・支社等の**中枢管理機能**が集中する**中心業務地区**(**CBD**:Central Business District)が形成され、その周辺にはデパート、高級商店街、ホテル等が立地する。都心は経済活動の中心地となるため、地価が高くなり、建物も高層化していく(霞が関

写真3－11　京都の祇園祭

ビルなど）。しかし、人は働くためにＣＢＤにやって来るだけで、地価の高騰とともに住民は郊外に引っ越していくため、ＣＢＤに住んでいる人は限られ、**昼間人口**は多いが**夜間人口**は少ない。都心に住む住民は地価が高いため、土地を所有する親が亡くなると、その土地を相続した親族が高額な相続税を納められず、土地を売って郊外に引っ越すことになる。そのため、都心は人口が減少するだけでなく、**高齢化**も進む。このように都心部で人口が減り、郊外で人口が増加する現象を**ドーナツ化現象**と呼ぶ。都心では人口流出とともに小・中学校の閉鎖・統合が進み、郊外にはマンモス学校が誕生していく。都心に住んでいる人が減少し、さらに住民の高齢化が進むと、さまざまな問題が生じてくる。

たとえば、地域コミュニティの存続の危機だ。京都の中心街では貞観《じょうがん》年間（9世紀）より続く祇園祭が毎年7月に行われるが、都心の住民の減少と高齢化により、山車を引っ張る引き手が不足し、お祭りの存続に影響が出てきた（写真3－11）。そこで、祇園祭の頃になると、京都大学からも多数の学生が引き手のアルバイトとして駆り出され、ちょうど定期試験の時期と重なるため、試験をレポートに変えてくれという学生の申し出があったりする。日本の重要な伝統文化なので、私はできるだけそのような申し出を了承している。

高度経済成長期以降に都心ではドーナッ化現象が進んだが、1996～98年に深刻化したバブル景気崩壊により、地価の下落や不良債権の処理、企業や行政の遊休地の放出によって、都心での不動産取得が容易になっていき、また、都心の超高層マンションの吸引力も重なって、都心の利点が見直されるようになった。その結果、都心部での人口が増加に転じ、**都心の居住人口が回帰**していく現象が見られるようになった。

東京では山手線内が都心にあたり、山手線沿線の駅から放射状に郊外に延びる私鉄線の始発駅には、電車を乗り降りするときの買い物や娯楽で便利なため、デパートや高級商店街、映画館などが集まる副都心ができていく。そして、地価の高騰とともにビルの高層化も進んでいくのだ。小田急電鉄や京王電鉄の始発の新宿、東急電鉄の始発の渋谷、京浜急行電鉄の始発の品川、西武鉄道や東武鉄道の始発の池袋、京成電鉄の始発の上野が**副都心**にあたる。都心の地価の高騰とともに住民は郊外へ移住するため、郊外にあらたに宅地を造成する必要が生じ、1970年代初めには東京郊外の丘陵を開発して多摩ニュータウンが建設された。1970年代半ばには新宿から多摩ニュータウンまで小田急や京王電鉄が延びた。多摩ニュータウンの住民は短時間で都心に働きに行くことができ、帰宅時には新宿のデパートで買い物をし、家電量販店で電気製品を買い求め、週末には映画を見たりした。このように新宿は副都心として重要な位置を占めていったのだ。新宿の副都心としての重要度が増すにつれ、地価が高騰し、ビルの高層化が進んだが、都庁の新宿移転がそれに拍車をかけた。

都市の拡大とともに、郊外地域で無秩序、無計画に都市化が進んでいくと（**スプロール現象**と呼ばれる）、農地と住宅、工場などが混在し、住宅地に隣接する工場の稼働音がうるさいとか、住宅地に残ってしまった養豚場などからの悪臭の苦情が出たり、さまざまな問題が生じてくる。このスプロール現象を防止するために、日本では**市街化調整区域**が設けられている。これは市街化を抑制する区域のことを指し、あらたに建築物を建てたり、増築したりすることを極力抑える区域となっている。開発行為を行おうとする者は原則として都道府県知事から開発許可を受けなければならない。開発許可を受けていない市街化調整区域の土地取引を広告する際には、「市街化調整区域。宅地の造成および建物の建築はできません」と16ポイント（約5・6㎜四方）以上の文字で表示しなければならないとされている。つまり、家が建てられない市街化調整区域の土地は安い。安い土地を買わされて、後で家が建てられないことがわかったときのトラブルを回避するためである。ロンドンでも同様に**グリーンベルト**（緑地帯）などの開発を抑制する地域を設定し、スプロール現象の防止に努めている。

イギリスでは都市の過密化対策として**田園都市構想**に基づき、第二次世界大戦後「**大ロンドン計画**」を実施した。そこで、ロンドンの郊外にグリーンベルトを設定し、その外側に**職住近接型ニュータウン**を建設した。これは、職場と住居があるだけでなく、商業、文化、娯楽施設まで兼ね備えたニュータウンである。スティーブニッジ、ブラクネル、ハーロウなどのニュータウンがある。日本の**多摩ニュータウン**はあくまで住むためのもので、職は都心に求めるため、いわゆる**ベッドタウン**と呼ばれている。フランスでは都心の過密化や交通渋滞を解消するために、パリの郊外に副都心の**ラ・デファンス**を建設した（222頁写真3－6左奥）。パリの市内は都市計画によって建物の高さや美観上の規制があったため（写真3－12）、郊外の副都心、ラ・デファンス地区に超高層ビルや大規模なショッピングセンター、高層住宅などが建設された。

イギリスや日本では石油危機以降に産業構造が転換し、それまでの造船や鉄鋼業から、自動車やエレクトロニクスが中心になると、港湾の重要性が低下していく。そのため港湾では工場が撤退し、空き倉庫が増加して荒廃してきたが、それをあらたに開発して再生しようという動きが出てきた。これが**ウォーターフロントの再開発**である。

写真3－12　パリの中心街のアパルトマン（アパート）
高さに規制があるため、建物の高さはだいたい揃っている。築100年以上の建物が少なくない。室内はセントラルヒーティング。道路から建物の中にはテンキー錠に暗証番号を入力して入る。1Fフロアーにはメールボックスが並んでいて、カギで2階以上の住居フロアーに入り、さらに別カギで自室に入る。郵便配達人らはテンキー錠の番号は知っている。

写真3－13　神戸のポートアイランド（2012年）

横浜のみなとみらい21や神戸の人工島・ポートアイランド（写真3－13）や神戸ハーバーランド、浦安市の東京ディズニーランド、千葉市の幕張メッセ、大阪の天保山ハーバービレッジなどである。1980年代後半～90年代にかけて東京の芝浦の空き倉庫が利用され、ジュリアナ東京やゴールドといった巨大ディスコが誕生した。その当時は、週末の夜になるとJR田町の駅は若者たちでごったがえし、駅から倉庫街にぞろぞろと歩く若者の列が続いたものだった。

先進国の都市化と都市問題

デトロイトの都心は廃墟？

先進国の都心周辺の旧市街地では、過密化により高所得者や若い世代が郊外に移住して、人口が減少し、高齢化が進み、購買力の低下やコミュニティの崩壊に加え、貧困層、移民、外国人労働者の流入による**スラム**（不良住宅街）の形成、それによる失業率、犯罪の増加などの**インナーシティ問題**が生じている。スラムやその周辺では、路上や公園などで生活するホームレスの数も多い。

かつてアメリカのデトロイトはゼネラルモーターズ、フォード、クライスラーのビッグ3による自動車産業がさかんで繁栄したが、1967年にアフリカ系アメリカ人による大規模なデトロイト暴動が起き、多数の死傷者を出した。これをきっかけに白人の郊外への移住が加速した。

写真３－14　デトロイトの多くの建物が廃墟になっている（©Atomzul/shutterstock.com）

１９７０年代頃から日本車の台頭により自動車産業が不景気になると、企業の社員の大量解雇、下請けなどの関連産業の倒産により、市街地の人口流出が深刻化していった。それと同時にダウンタウンに増えていったビルの廃墟にホームレスの人々が住み着くなどして、治安が悪化し、ますます人口流出が進んだ。税収が改善されないデトロイトは２０１３年には財政破綻し、ミシガン州の連邦破産裁判所に連邦倒産法適用を申請した。負債総額は１８０億ドルにのぼった。市内の住宅の３分の１が廃墟か空き家になり（写真３－14）、失業率は18％に達し、子供の６割が貧困生活を強いられているという。

ニューヨークでは１９５０年代には倉庫や低賃金の零細工場などが入居するだけの荒廃したソーホー地区に、１９６０～７０年代、安価な住居を求めて芸術家やミュージシャンらが移り住み、それらの活動により地域が活性化し、中産階級や商業施設が流入するようになった。このような都市の居住地域が再開発されて高級化することを**ジェントリフィケーション**と呼ぶ。この結果、貧困地域の家賃の相場が上がり、それまで暮らしていた貧困層が住めなくなったり、地域特性が失われたりするという問題が生じている。同じニューヨークのハーレム地区でもアフリカ系のアメリカ人が多く住み、貧困や犯罪といった問題を抱えていたが、1990年代に徹底的な治安改善政策により環境が改善され、街の再開発が進んで、高級化（ジェントリフィケーション）していった。

ベルリンの壁が時間を止めた？

先進国の都市再開発（ベルリンの事例）

私は2000年6月に、かつてベルリンの壁があったところの中心、ブランデンブルク門のすぐ北にある帝国議会議事堂（旧西ベルリンと東ベルリンの境界付近の西ベルリン側にある）を訪れた。ドイツの首都ベルリンの中核をなす帝国議会議事堂は、そのとき、まさに大きな工事現場に取り残された遺物であった（写真3－15）。1884

写真3－15　帝国議会議事堂周辺　首都ベルリンの中枢部として再構築されていた。まわりに次々と連邦議会や政府の建物が建設中であった（2000年6月）

〜94年に、P・ヴァロートの設計プランに基づいてイタリア・ルネッサンス風につくられた帝国議会議事堂は、1918年に崩壊したドイツ帝国、ワイマール共和国、第三帝国の議会が開かれたところである。第二次世界大戦後は西ドイツ側にあったが議会としては使用されず、東西ドイツ統一後、8年の年月をかけた改築を1999年4月に終え、9月から連邦議会本会議場となった。正面入り口の前でP・シャイデマンが1918年11月9日に共和制を宣言、その15年後の1933年2月27日には放火によって、建物内部がほとんど焼失してしまった。ナチスはこの放火事件を口実としてたくさんの左翼政治家を逮捕した。1945年5月2日には、ヒットラーのファシズム政権が倒れ、ソ連軍が赤い旗を議事堂の上に掲げたのである。

このドイツの歴史を見てきた議事堂は、そのとき周りがほとんど建築中だったため、工事現場の中にぽつねんと建っているという、とても不思議な光景を作っていた。アクセル・シュルテスとシャルロッテ・フランクがこの首都中枢の再開発計画を展開し、長さ1・5㎞にわたって、議会や政府の建築物が次々と建てられ、「Federal Belt（連邦地帯）」を建設する予定になっていた。

写真3－16　完成したばかりのソニーセンター（中央）
かつてベルリン一賑わっていたポツダム広場は、戦争で焼け野原になった後ベルリンの壁があったため、ずっと空白域だった。右下の箱状の建物は地下鉄入り口（2000年）

次に訪れたのは、ポツダム広場（旧西ベルリンと旧東ベルリンの境界にある）である。1920年代、ベルリンはパリと並ぶ世界屈指の文化都市であって、とくにこのポツダム広場周辺はヨーロッパ一混雑する交差点と言われ、当時すでに1日2万台の車、10万人の人の往来があったという。東京で言えば銀座のようなこの区域は、訪れたときには荒れ地を造成して新都心をつくるような巨大な工事現場だった（写真3－16）。このポツダム広場付近は第二次世界大戦の空爆で徹底的に破壊され、その焼け野原の上をちょうどベルリンの壁が建設されたため、壁が崩壊するまで空白域のままであった。その50年間放置された「焼け野原」を再生するために進められた二大プロジェクトが、ダイムラー・ベンツ社によるダイムラーシティとソニー欧州本社によるソニーセンターだった。ベンツはレンゾ・ピアノ、ソニーはヘルムート・ヤーンの**都市再開発**プロジェクトを採用し、オフィス、ホテル、劇場、住居などを建設した。

まず、1998年10月に、4年の歳月をかけてショッピングアーケード、映画館、カジノなどを含むダイムラーベンツ・コンプレックスがオープンした。このショッピングアーケード、「アルカーデン」には、スタート時には110店のショップ、30店以上のカフェ&レストラン、20館もの映画館があった。また、もう一つのソニーセンターは2000年6月にオープンした。ヘルムート・ヤーンは、ソニーセンターを六つの建物のリズミカルな都市的調和で飾った。オフィス、娯楽施設、住居施設の中央には、ドーム状の巨大な屋根を持った公共広場をつくり、レストランやカフェ、ショップ、映画館などに取り囲まれて、文化的イベントのためのスペースを提供している。

このポツダム広場区域には、近くに建設されたセンターからガスとスチームタービンによるセントラルヒーティングが供給され、また、オフィス、娯楽施設、住居施設などの膨大な種類のケーブルのための電気通信施設がつくられ、それは人口約5万5000人の小都市に匹敵するという。

次に訪れたのは、ハッケシェル・マルクト（旧東ベルリン）という地域である。そのとき旧東ベルリンは、ベルリンの壁ができてから時計の針が止まってしまったかのようだった。ベルリンの壁が崩壊して10年たっても、ハッケシェル・マルクトあたりは、東西ベルリンの差をとくに感じた。バスでベルリン市内を移動していても、そこがかつて東ベルリンだったか西ベルリンだったかは一瞬にしてわかった。ビルの色を見れば一目瞭然だからだ。東ベルリンは、壁が崩壊してドイツが統一されるまで、ほかの旧社会主義国同様、建物はすべてコンクリートの色、つまり灰色である。つまり、建物が国有財産のため、国はお金を使って建物の壁にペンキを塗るようなことはしない。したがって、西ヨーロッパに見られるようなカラフルな建物はほとんどなかった。ドイツが統一されて10年のあいだに少しずつ壁に色が塗られたが、そのときはまだ、あちこちのビルがリニューアルのため工事中であった。

ハッケシェル・マルクトには、かつて労働者階級の人たちのアパートだった建物を、ドイツ統一後リニューアルして、1階に各種のおしゃれなショップを入店させ、2階以上をアパートにした複合建造物があった。しかし、リニューアルされた新しい部分とかつての東ドイツ時代の古い部分が隣接して奇妙な感じを受ける（写真3－17）。こ

写真３－17　ハッケシェル・マルクト（旧東ベルリン）に見られる、かつての労働者階級の人たちの建物を改造して１階におしゃれなショップをつくった複合建築物（左手）　ただし、未改築の古い建物（右手）との差は歴然（2000年）

のあたりの路地に入っていくと、戦前の古い建物がそのまま残っていた。路地の中に、戦後55年たってもまだ壁に残っている弾痕を見たとき、戦後時計が止まってしまった東ベルリンの街の沈痛さを感じた。近くには、ユダヤ人の教会もあり、戦争で破壊された建物が戦後再建されていた。まわりを何人もの警察官が巡回するようすは、ナチスに迫害されるという戦前の忌まわしい悲劇が終わった現代でも、またしてもネオナチによって攻撃されるという、やるせない憤りを感じさせるのだった。

なぜ発展途上国の大都市にはスラムができ、治安が悪いのか？

発展途上国の都市化と都市問題

発展途上国の多くの人は農民である。しかし、アフリカなどでは人口爆発により、農村部から人口が都市に押し出されていく（**push 型の都市化**）。たとえば、父親と母親、それに4人の息子と3人の娘がいたとする。父親が農地を持っていてそこで採れた農作物で9人家族は生活していた。しかし、息子が成長して家族を持つようになり、父親の土地を4人の息子で分けてしまうと、分割された狭い土地で採れる農作物で各家族は生きていくことはできない。日本でも「田を分ける者」は愚かな「たわけもの」とののしられ、土地を分割しないように戒められてきた。したがって、父親の土地は長男が相続する。

そうなると後の3人の息子は家族を持っても農地がないため生活できない。そこで、若者は仕事を求めて首都などの大都市にどんどん集まってくる（写真3－18）。雇用機会が豊富な都市は、周辺の農村部から労働力を吸引しはじめるのだ（**pull 型の都市化**）。大都市に行けば、何か仕事があるだろうと考えてのことだ。とくに、投資が集中し就業機会の多い首都などの**首位都市**（**プライメート・シティ**）に人口が集中する。発展途上国では子供の数が多く、その中には住む家もなく、十分な教育を受けることのできない子供たちが、靴磨きや空き缶拾い、物売りなどをして働いており（写真3

写真3－18　ウガンダの首都カンパラのタクシーパーク　ミニバスが首都と地方をつないでいる。車はほとんどトヨタのハイエースおよび同型の日本の中古車である

写真3－19　物売りの少年（ペルー、クスコ）

-19)、ストリートチルドレンと呼ばれている。

発展途上国の首位都市では、仕事に就けない失業者が多く、そのため犯罪も多い。南アフリカ共和国の首位都市はヨハネスブルクだが、世界一治安が悪いと言われている。なぜなら、アフリカの中で南アフリカ共和国は経済的に豊かで、そのため国内ばかりか周辺国からも仕事を求める人が流入してくるからだ。ダウンタウンはあまりに治安が悪いため、白人の住居や外国人旅行者の泊まるホテルは郊外のサントン地区に移って行った。

私が初めてヨハネスブルクに滞在したとき、サントン地区のホテルで3泊もした。サントン地区はきれいだが人工的な街並みでおもしろみがない。しかしダウンタウンの治安は最悪である。そのうちダウンタウンにある50階建てビル、カールトンセンターの最上階から市街地を遠望できることを知って、3日目についにタクシーでそこまで行って写真だけ撮って帰って来ようと考えた。

しかし、ビルの最上階から写真を一通り撮り終えると、せっかくここまで来たのだから10分だけでもダウンタウンを歩いてみたいという気持ちがわいてきた。それで、周りに気をつけながらダウンタウンを10分歩くつもりであったが、5分後には3～4人の若者に後ろから羽交い締めにされて、地面に仰向けに叩きつけられた。彼らは私のズボンのポケット中に手を突っ込んで、貴重品を奪い取ろうとした。事前に読んだガイドブックには「ヨハネスブルクでは襲われても、相手がナイフやピストルを持っていたりすることが多いので、けっして抵抗しないこと」と書いてあった。そのことが頭をよぎったのだが、思いっきり抵抗してしまった。そのうち大声を上げてくれる人がいたので彼らは逃げ去り、何も取られなかったが少し怪我をした。口元から流れる血をぬぐいながら一目散にビルまで走り、すぐにタクシーを呼んでサントン地区のホテルに逃げ帰ったのだった。

大都市に周辺から流入してきた人たちは、すぐに部屋を借りたり、家を建てたりすることはできない。そのため、だれの土地でもない河川敷や山麓、線路や道路沿いなどにバラックの家を建てはじめる。このように土地を不法占拠してスラムが形成される。この不法居住者や不法居住区のことを**スコッター（スクオッター、スクウォッター）**と呼んでいる。

ナイロビは1890年代初めまでは広大なサバンナの静かな土地であったが、1895年にイギリスがこのあたりの領有を宣言した。イギリス領東アフリカ保護領を成立させ、1899年にインド洋岸の港町モンバサから内陸を目指して延びたウガンダ鉄道がナイロビまで到達した直後、首都がモンバサからナイロビに移された。ナイロビが首都に選ばれた有利な立地条件として、ウガンダ鉄道の起点モンバサとヴィクトリア湖岸の町キスムとの中間地点であることや、大地溝帯の東の崖縁に位置し、そこから険しいキクユ高地に登るための機関車の連結基地として適していることなどが挙げられる。

ナイロビは現在では人口400万人を超す東アフリカ第一の都会になっている。中

写真3-20　ケニアの首都ナイロビ　イギリスによる植民地化の拠点として建設された。現在、高層ビルが建ち並ぶ（撮影：孫暁剛）

写真3-21　ナイロビ最大のスラム、キベラの街並み（1998年）　たくさんの家々の屋根が地平線まで広がっている

心の市街地には高層ビルがそびえ、多国籍企業のオフィスやホテルが建ち並ぶ（写真3－20）。

ナイロビには郊外に季節労働者の居住地区があり、拡張した新市域の南部、西部、東部に位置している。その一つが、19世紀末にスーダンからイギリスが強制連行してきたヌビア人傭兵のための軍用居留地であったものが、1940年代以降からスクウォッター（不法占拠）化し、季節労働者の町となった南部のスラム街、キベラ地区である（写真3－21）。キベラは現在、人口が100万人以上と言われているが、実態はよくわからない。イギリスによって強制的に連行されてきたヌビア人は、その後必要とされなくなりブッシュに放置されたため、自力で小屋を建てはじめた。しかし、植民地政府がナイロビの計画的な都市開発を推進しようとした際には、キベラに住むヌビア人は追い出されるはめになった。これに対抗するため、彼らはキベラに無許可で長屋をつくり、ナイロビに流入するルオなどの季節労働者たちに賃貸したため、キベラの人口は急増することとなった。

キベラのような**スラム**では、さまざまな**インフォーマルセクター**の経済活動が発達している。インフォーマルセクターとは、発展途上国に見られる経済活動のうち、国の統計や記録に公式に含まれないようなものを指す。靴磨きや行商などの職種がそれにあたる。キベラのスラムは、ナイロビとキスムを結ぶ鉄道の線路沿いに展開しているが、その線路脇にはさまざまな生活用品を売る屋台のような簡単な店が延々と軒を連ねている（写真3－22）。スラムの中には、廃タイヤからゴム草履、古いブリキから鍋やフライパン、廃材から家具までというように、いろいろな資源をリサイクルして

写真3－22　キベラに見られる露店（1998年）　さまざまなものが売られている

写真3－23　キベラにNGOによってつくられた学校での授業風景（2002年）

写真３－24　ゴミの横で遊ぶ子供たち　このスペースは政府によって強制撤去された住宅跡（2015年）。現在、次々とスラムの住居が強制撤去されている。ゴミの背後に見えるのは、ちょうど通過中の貨物列車

製造・販売する、おもに男性による手仕事もあれば、仕立屋や美容院など女性が活躍する商売など多種多様の仕事場が混在している（水野２００８、２０１７）。

　一方、病院や公立小学校などはなく、キリスト教の教会やＮＧＯなどによって細々と運営されている小学校があるにすぎない。写真３－23は早川《はやかわ》千《ち》晶《あき》さんらが運営している学校であるが、授業料も給食も無料のため、親のいない子も含め、たくさんの子供たちが勉強している。年々生徒数が急増し、校舎も建て増しを続けている。

　キベラの中でも比較的経済力のあるわずかな人たちが水道を引き、多くの人たちがその水を買って暮らしている。また、ゴミはいたるところに捨てられ（写真３－24）、トイレも限られているため公衆衛生面に問題が多い。トイレは長屋に一つあるのが一般的で（長屋の大家が一つのトイレを設

置）、20～40世帯にトイレが一つあるくらいの数である。長屋にトイレがない場合は公衆トイレを使用する。公衆トイレは紙代を含んで1回5ケニアシリング（ksh）（約6円）くらいだ。トイレの数が少ないのは、トイレをつくるのにこのあたりの固い岩盤を掘らなければならず、岩盤の上にバラックの家を建てるより建設費がかかるためである。

ある世帯の場合、6畳くらいの広さの部屋を月1500ksh（約1800円）で家主から借り、そのほかに月300ksh（約360円）の電気代を家主に払っている。ちなみに家主は電線から勝手に線を引っ張って電気を盗んでいることも少なくなく、キベラではそれが普通になっている（写真3－25）。この家庭の場合、夫は健康に問題があるとして働いておらず、妻が野菜を売って1日に約50ksh（約60円）を稼ぎ、ときどき洗濯の仕事もして、洗濯をした日は300ksh（約360円）くらい稼ぐというが、家賃を払うだけで精一杯だ。洗濯は、固定客の家にときどき御用聞きに回り、その家の軒先で洗濯をして、1回100kshからで、半日洗濯をして400kshくらいになるという（2015年）。

キベラでは、都市化と居住の問題に取り組む国連機関である**国連ハビタット UN-Habitat（国際連合人間居住計画）**とケニア政府によってスラムの住民をスラム外の新住居に移住させて、スラム街を解消する計画が実行されている。そう言うと聞こえはいいが、実際には身分証明書を持っているものだけが新住居に入居できるため、貧困でまともに病院で生まれなかった人、とくに女性はそのような身分証明書を持っておらず、スラムから閉め出されて、ささやかな住まいさえ失うことになった。

写真３－25　スラムの住居の屋根から伸びる電柱と電線やテレビのアンテナ群（2015年）

写真３－26　ナイロビのスラム街、キベラ（2002年）　線路沿いにスラム街が発達した。写真右上に見えるのが中心街のビル群。中心部の職場まで歩いて通う人も少なくない

このように現代のナイロビは地方から季節労働者が流入し、膨張、発展して形成された。ナイロビは急成長するものの、白人は小高い丘の上に豪華な邸宅を建て、小売りと小規模金融業を独占するインド人は中心部近くに居住地を構え、強制連行されたヌビア人はキベラ地区に、アフリカ人は二つの川に挟まれた低湿地沿いの劣悪な環境にと、人種間の居住の分離が都市景観にも大きく反映されているのである（写真3-26）。ナイロビのスラム街（カンゲミ地区）については、松田素二著『都市を飼い慣らす』に詳しい。

4 人口

発展途上国ではなぜ子供が多いのか？

人口分布と変化

世界の人口はいまや約77億9500万人（2020年現在）に達し、1位が中国の14億4420万人、2位がインドの13億9340万人で、以下10位まで、アメリカの3億3290万人、インドネシアの2億7640万人、パキスタンの2億2520万人、ブラジルの2億1400万人、ナイジェリアの2億1140万人、バングラデシュの1億6630万人、ロシアの1億4590万人、メキシコの1億3030万人、日本の1億2610万人となっている。世界人口の約6割がアジアに住んでいるが、年平均人口増加率を見ると、2000〜15年では、世界平均が1・23で、先進地域が0・37、発展途上地域が1・42である。地域別に見ると、アジアが1・14、アフリカが2・55、ヨーロッパが0・16、アングロアメリカが1・05、ラテンアメリカが1・13、オセアニアが1・60である。発展途上国はなぜ**人口増加率**が高いのであろうか？

日本もかつては人口増加率が高かった。現在の日本の80歳以上の人はたいてい兄弟が5〜6人いる。しかし、現在は一人っ子か2人兄弟が多い。それはかつて日本は発

写真4－1　赤ん坊を背負う小さな子供（インド、アルナーチャル・プラデーシュ州）　親はネパールからの季節労働者で道路工事に従事している

展途上国だったが、**高度経済成長期**以降、先進国の仲間入りをするとともに、子供の数が減っていったことを示している。

2000～15年のアフリカの平均人口増加率は、ほかの大陸の2倍以上であり、その「**人口爆発**」はすさまじい。サブサハラ（サハラ砂漠以南）のアフリカでは、2－3（207頁）で述べたように、水汲み、薪集め、炊事、洗濯などはすべて女性の仕事であり、アフリカの女性には過度の労働が集中するため、早死にする人が少なくない。その女性の仕事の負担を軽くしてくれるのが子供たちだ。3～4歳くらいの子供がもう赤ん坊を背負って世話をしている姿を見かけることもある（写真4－1）。また、子供たちは元手のかからない靴磨きなどの仕事をしてお金を稼いでくる（242頁写真3－19）。アフリカでは、子供は仕事を受け持ってくれる、お母さんたちにはなくてはならない存在なのだ。

アフリカではたいてい一夫多妻制である。一夫多妻制と聞くと男性に都合のよい制度に思えるが、女性にとってもいいことが一つだけある。女性の仕事を分担できて仕事の負担が軽くなることだ。妻同士の仲がよければなおさらよいのであるが、たいていは何かと問題がある。

私が調査していたインドのアルナーチャル・ヒマラヤ地域でヤクの放牧を行っているチベット系の牧畜民の村の中には、一妻多夫制の村があった。1人の夫がヤクの放牧で何ヵ月も留守のあいだに、もう1人の夫が家を守っていた。この場合は男性が仕事の分業をしていたが、たいてい複数の夫は兄弟であった。

現在、アジアでは10億人近くの人々が、サハラ以南のアフリカでは約3億人の人々が、栄養不足で苦しんでいる。アジアでは人口増加率を上回るように食料生産も伸びていて人々の栄養不足は改善されてきているが、アフリカでは食料生産をはるかに上回る伸びで人口が急増しており、将来の栄養不足人口はますます増加すると考えられる。

先進国のように生活水準が上がっていくと、すべての子供に高度な教育を受けさせ、よい住宅環境の家に住み、おいしいものを食べて豊かな生活を送ろうとする。そうなると教育や育児にお金のかかる子供の数を制限しようとする傾向が出て出生率が低下してくる。日本でも子供の数が多い家庭を見てみると、父親が医者や弁護士、政治家など裕福な家庭であることが多い。２０１９年の人口動態統計によれば、１人の女性が生涯に何人の子供を産むのかを推計した合計特殊出生率は１・36である。これが第二次世界大戦後の第１次ベビーブーム期には４・３を超えていた。

２０２０年の全国の平均出生率（人口千対）は６・８であり、第２位の福岡県が７・７、第３位の愛知県が７・６、第47位の秋田県が４・６であるのに対し、第１位の沖縄県は10・２である。人々が昔ながらの伝統的な生活をおくり、地域コミュニティの関係が密接で近所の助け合いがほかの県に比べて豊かな傾向にある沖縄県の出生率は高い。日本ではかつてはどこでもご近所さんの付き合いが密接であったが、それがだんだんと薄れていく中で沖縄ではまだそれが残っているということだ。このように、先進国である日本やヨーロッパでは人口が減っていて、２０２０～２１年の日本の人口増加率（前年比）はマイナス０・38％となっている。プラスになっているのは、東京３・０、神奈川１・４、千葉０・２、埼玉０・１の東京圏と沖縄の３・５のみである。

このような近年の日本の出生率の低下による子供の少なさは、さまざまな問題を生み出している。先ほど京都の祇園祭について述べたが、京都の四大行事のうちの一つに、「五山の送り火」がある。それは毎年8月16日に行われ、東山如意ヶ嶽の「大文字」、松ヶ崎西山・東山の「妙・法」、西賀茂船山の「船形」、金閣寺付近大北山（大文字山）の「左大文字」、嵯峨仙翁寺山（万灯籠山・曼荼羅山）の「鳥居形」の五つの送り火を指す。五山で炎を上げて、お精霊（しょらい）さんと呼ばれる死者の霊を、あの世へ送り届けるのだ。

「鳥居形」以外の四つはそれぞれ付近のお寺の元檀家の世襲によって維持されている。かつてのように子供がたくさんいて豊富な若者の力に頼れる時代はよかった。たとえば、妙・法の妙の字のおんなへんの右上から左下へ伸びる一画は約10世帯の世襲で受け持っている。毎年、持ち場が順繰りに移動するので、一番上の持ち場になると、下から薪を運ぶ移動距離が長くなる。山の急斜面をたくさんの薪を背負って登るのは大変な重労働で、それでも若い男子がいる世帯はまだいい。子供がいない老夫婦の世帯や男手のない世帯があり、2015年も70代の男性や若い女性が薪を担いで山の急斜面を登ることになった。日本の伝統行事も日本社会の変容とともにさまざまな問題が生じている。

一人っ子政策（2015年以降は2人まで、2021年以降は3人まで可）が徹底されている中国の人口増加率も0・6％（2000～15年の年平均）と低く、インドは1・4％（同）なので、このままいけば近い将来、インドが最大人口の国となるであろう。

人口増加には**自然増加**と**社会増加**がある。**自然増加率**は出生率から死亡率を引いたもので、**社会増加率**は移入率から移出率を引いたものである。人口増加は自然増加と社会増加を足したものである。社会増加は人口移動によってもたらされる。人口の国際移動には15世紀末の大航海時代以降にはじまった、ヨーロッパ人の新大陸への移住がある。ラテン系のスペイン人やポルトガル人が中南米に移動し、アングロサクソン系のイギリス人が北米へ移住したため、中南米をラテンアメリカ、北米をアングロアメリカと呼んでいる。ヨーロッパ人の移住にともなって、先住民族である北米のネイティブ・アメリカン、南米のインディヘナ、オーストラリアのアボリジニ、ニュージーランドのマオリなどは土地を奪われ、辺境地へと追いやられることになる。また、アフリカの黒人はアメリカに奴隷として強制移住させられ、人手のかかる綿花収穫の労働力となった。

東南アジアへは多数の中国人、とくに広東省や福建省の華南地方の人々が移住し、**華僑**と呼ばれている。東南アジアやオーストラリアには中国系の銀行がよく見られる。一般に華僑は移住しながらも中国の国籍を持つ人を指すのに対し、外国籍を取得した者は**華人**と呼ばれている。同様にインドから東アフリカなどに移住した人を**印僑**と呼んでいる。本国では貧困が問題となっているインド人だが、東アフリカに移住した印僑の人々はみな経済的に豊かで、ケニアのナイロビやタンザニアのダルエスサラームの商店の経営者はインド人であることが多い。私がキリマンジャロに登ったとき、同じ行程で印僑の子供である中・高校生ぐらいのグループがいたが、たいていの登山者は山の湧水から引いた山小屋の水場で洗顔や歯磨きをするなかで、インド人のグループは持参したミネラルウォーターで歯を磨いていたのを見てびっくりしたことがあった。

日本はなぜ難民を受け入れないのか?

難民問題

自らの意志で母国を離れて生活する人々を移民と呼ぶのに対し、戦乱や災害などで移動せざるをえなくなった人々を**難民**と呼ぶ。1951年にスイスのジュネーヴで行われた「難民および無国籍者の地位に関する国際連合全権委員会議」において「難民の地位に関する条約」(**難民条約**)が採択された。難民条約の制定にともない、国際連合に、難民支援活動の監督団体として**国連難民高等弁務官事務所**(**UNHCR**)が設立された。難民条約での難民の定義は、「人種・宗教・国籍・政治的信条などが原因で、自国の政府から迫害を受ける恐れがあるために国外に逃れた者」であるが、これは難民のなかでも**政治難民**にあたる。ほかにも自然災害による**災害難民**、経済的貧困から海外に逃れる**経済難民**があり、将来は地球温暖化で水没の危機にあるサンゴ礁の島国から逃れるなどの**環境難民**が増えることが予想される。

インドシナ難民は1970年代後半から80年代前半に、ベトナム、ラオス、カンボジアが社会主義体制に移行したことにより、経済活動が制限されたり、体制下で迫害を受ける恐れがあるため自国外に脱出し、難民となった人々で、**ボート・ピープル**として知られている。そのほか、カンボジアの大虐殺、ルワンダ大虐殺、アフガン紛争なども多くの難民を生み出した。日本も、軍事政権下にあったミャンマー連邦内の**民族紛争**を原因として国外に流出したミャンマー難民など、海外から難民を受け入れているが、その数は欧米諸国とは比較にならないほどわずかである。

2015年現在、シリアから紛争によって国外に脱出した難民が問題になっている。ドイツを目指す難民が経由地のトルコやハンガリーに押し寄せている。アメリカやドイツ、フランスなどがたくさんの難民受け入れを表明しているが、あいかわらず日本は他人事のように振る舞っている。UNHCR（2021）によれば、2020年末の時点で、世界中で7000万人近くの人が、内戦などによって故郷を追われ難民や国内避難民などとして、強制的に移動しなければならない状況に置かれているという

（難民が約２０３６万人、自国に留まって避難生活を送っている国内避難民が約４８５６万人）。２０２０年末で、シリア（約６６９万人）、ベネズエラ（約３８６万人）、アフガニスタン（約２６０万人）、南スーダン（約２１９万人）、ミャンマー（約１１０万人）が難民の多い国となっている。

日本はなぜ、難民を受け入れないのか？　たとえば、２０１９年には１万３７５人が日本で難民申請をしたが、難民として認定されたのはたった44人である。２０２０年には３９３６人の申請に対して認定されたのは47人だった（認定率０・５％）。２０２０年には先進国の中で圧倒的に少ない。２０２０年にはドイツ６万３４５６人（認定率41・７％）、カナダ１万９５９６人（55・２％）、フランス１万８８６８人（14・６％）、アメリカ１万８１７７人（25・７％）、イギリス９１０８人（47・６％）の難民を認定している。日本の47人という数とは大きく異なる。日本が難民をたくさん受け入れたのは、先ほど述べた１９７０年代にベトナム、ラオス、カンボジアから逃れてきたインドシナ難民の１万１３１９人だけである。

難民として認定されるには、条約上の「難民」にあたるかどうかを自ら証明しなくてはならないのだが、母国から命からがら逃げてきた人たちがそのような証拠物を示すことは所詮無理というものだ。しかし、それを証拠として示さなければ認定しないという日本の難民認定基準は非現実的でとても厳しい。また、日本では出入国管理を扱う法務省出入国在留管理庁（入管）が難民の認定を兼任しているが、そもそも入管は外国人の出入国を管理・取り締まる任務を負っており、同じ部署で難民の認定をするため、保護すべき難民を排除すべき対象として見てしまいがちなのだ。

日本は**ODA**（**政府開発援助**）については積極的に行い、発展途上国で道路や学校、病院建設などを行っているが（それらにはかならず日本の援助で建設されたという看板が立っている）、あるアフリカの国を訪問したとき、訪問した二つの村で立て続けに、「JICA（国際協力機構）が建てたが使っていない学校」に出くわした。日本を訪問する外国人観光客から、「日本人は、礼儀正しく、親切で心温かい」という言葉をよく聞くが、短期滞在とは異なり、行き場がなくほんとうに困っている難民が永住するとなると、日本はきわめて「冷たい」国なのだ。金や兵隊だけは海外に出す政府はともかくとして、国民まで「冷たい人間」にはなりたくないものだ。ここまで書いてテレビをつけたら、「安倍首相は、国連総会の一般討論演説で、シリア・イラク難民の問題について、約8億1000万ドル（約972億円）の経済支援を実施する方針を表明した」というニュース（2015年）が流れていた。あいかわらず、金さえ出せば国際協力という日本政府の態度にはうんざりする。2021年には、名古屋入管に収容中のスリランカ人女性が死亡し、大きな社会問題になった。飢餓状態になり、本人や支援者から点滴を打つように要望があっても放置され死亡した。日本の子どもたちに英語を教えたいという夢を描いて来日した彼女が、33歳で命を落としたのは名古屋出入国在留管理局の施設内だった。彼女の死は出入国管理法（入管法）改正案の事実上の廃案につながった。

人口・食料問題

干ばつから人を救うキャッサバ？

サハラ砂漠以南の中南アフリカでは、食料生産の増加率より人口増加率のほうがはるかに上回っていることは前項で述べた。中南アフリカの国々はほとんどが農業国である。各国の国民の多くが農業に携わっているのだが、一方で大量の食料輸入国でもある。セネガルでは米が主食であり、自国で米を生産しているが、その生産量は消費量よりはるかに少ないため、大量の米をタイなどから輸入している。アフリカではキャッサバを作っていることが多かったが、自給用のキャッサバから、現金を手に入れるための換金作物であるコーヒーやお茶、たばこ、カカオなどに転作されるようになってきた。キャッサバは**干ばつ**などの異常気象の影響を比較的受けにくいが、**換金作物**は干ばつの影響をまともに受けるため、干ばつで収穫できない年には食糧難に陥る。

また、そのような換金作物を集中的に作る**モノカルチャー経済**は、現地住民が自給能力を失い、**飢餓**の原因となった。1-2-2（68頁）で述べたように、キャッサバは茎を30㎝くらいの長さに切って、ただ地面に挿しておくだけで発根し、1年もたたないうちに芋が収穫できる。

写真4-2　トウジンビエ畑（ナミビア北部）

ナミビア北部ではトウジンビエを栽培しているが（写真4-2）、従来の品種に対し、**高収量品種**が導入されたものの、高収量品種は干ばつに弱いために、農民は従来の品種と高収量品種を組み合わせて作付けしている（宇野 2005）。同様にアジアやメキシコでは穀物の高収量品種を導入して飛躍的に生産量を増やした「**緑の革命**」によって、食料を増産することができたものの、高収量品種には化学肥料や灌漑設備が必要で、それを導入できる者とできない者のあいだにますます格差が広がったという問題も生じた。

5

環境問題

温暖化が難民を生み出す？

地球温暖化

図5－1は、ケニア山山麓の標高1890m地点での1963年から2011年までの約50年間における月平均最低気温とその年変化を示したものである。約50年間で約2℃気温が上昇していることがわかる。大陸の気温上昇に比べて海洋の気温上昇は小さいため、世界の平均気温で見ると数値は下がるが、それでも近年の100年間で0・73℃上昇している。太陽の黒点の増減などにより、地球の歴史を通して見ると自然状態で気温は下がったり上がったりして、氷期（氷河時代）や間氷期を繰り返しているが、問題なのは近年の短期間における気温上昇であり、それが**地球温暖化**として問題にされている。

近年の気温上昇の原因として考えられているのが、大気中の二酸化炭素濃度の増加である。地球の大気のなかで**二酸化炭素**などは熱を吸収して保温する**温室効果**の働きをするため、二酸化炭素が増加すると地表付近の気温はさらに上昇することになる。そのような**温室効果ガス**には、ほかにメタンガスや一酸化二窒素、水蒸気などがある。火力発電などでの石油や石炭の化石燃料の大量消費による二酸化炭素の大量放出や、

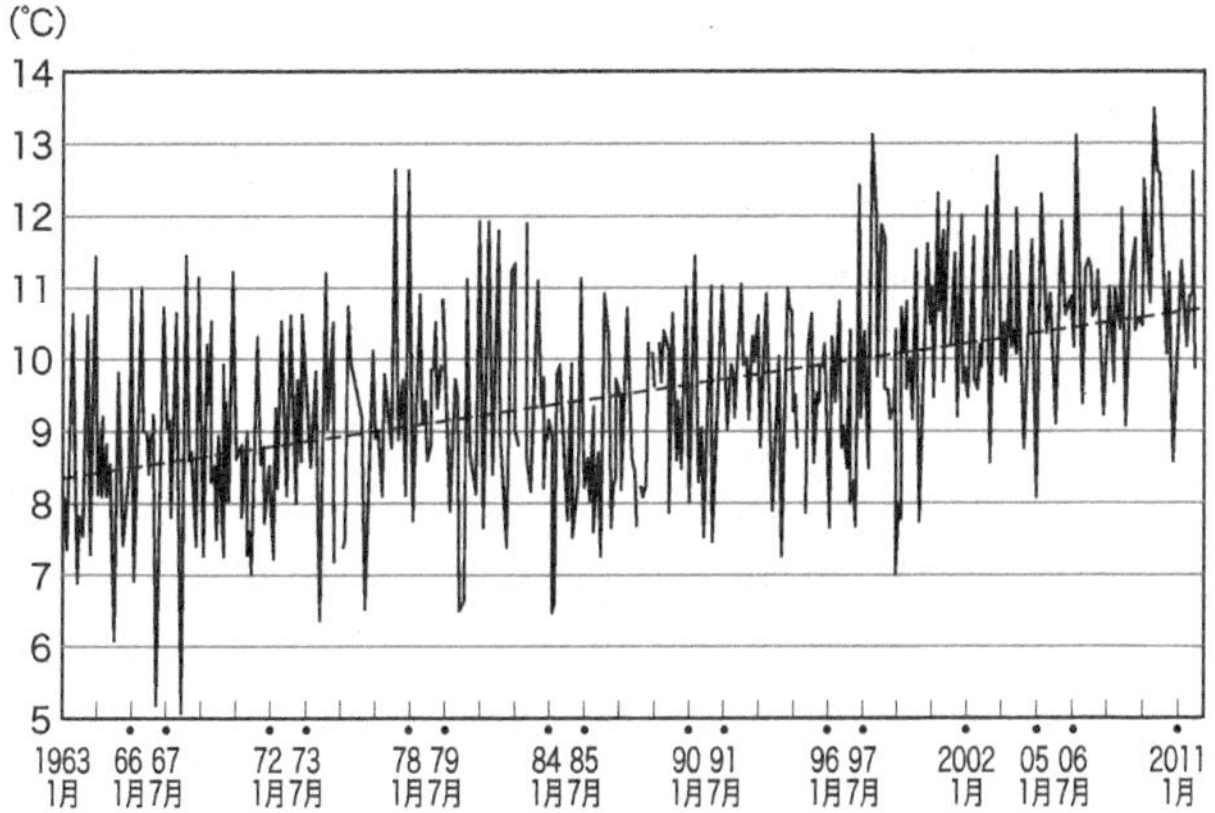

(a)日最低気温の月平均のグラフ

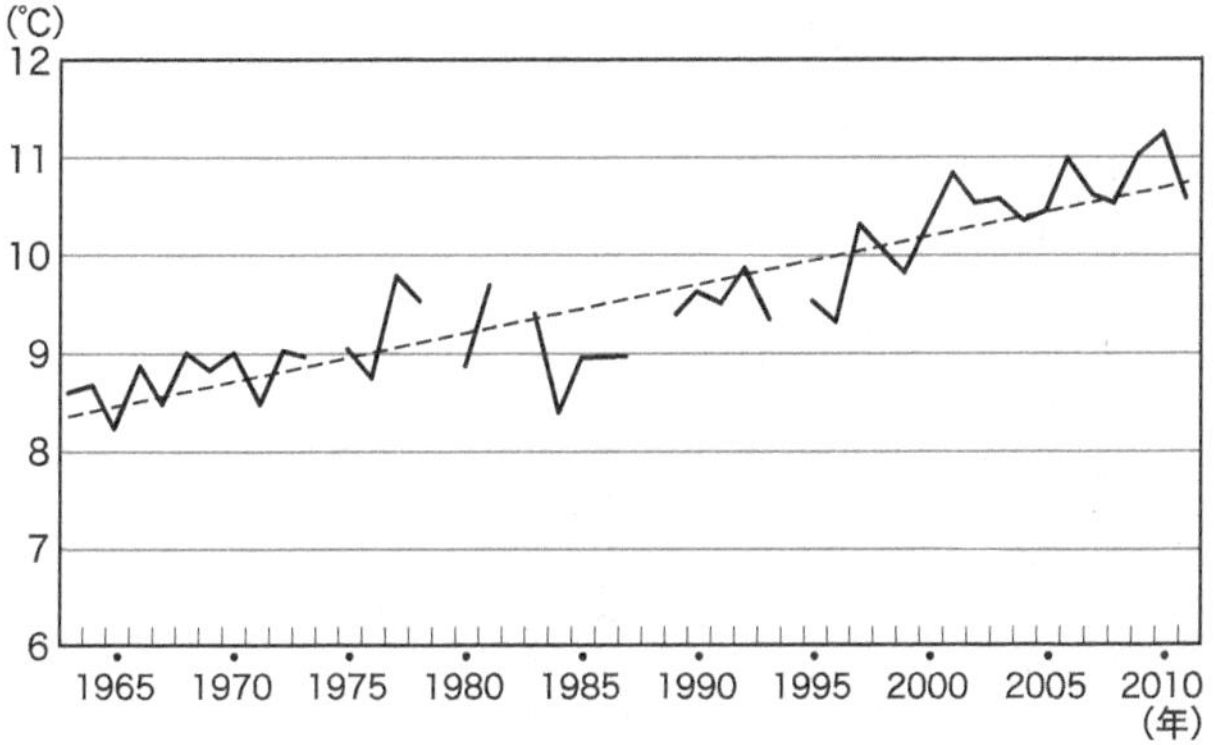

(b)日最低気温の年平均のグラフ

図5－1　ケニア山山麓の1890m地点の気温の推移

二酸化炭素を光合成時に消費する森林の破壊などが大気中の二酸化炭素増大につながっている。

温暖化はさまざまな形で世界各地の自然や社会に影響を及ぼしている。北極やアラスカ、グリーンランドなどでは氷河や氷床が融解している。私の調査地であるケニア山やキリマンジャロでも氷河の縮小は急速に進み、生態系に影響を及ぼしている（水野一晴著『自然のしくみがわかる地理学入門』参照）。アフリカで氷河を有する山はキリマンジャロ、ケニア山、ルウェンゾリ山のみであるが、それらから氷河が消失するのは10～20年以内と言われている。**珊瑚礁**の**環礁**は海面からの高低差があまりなく、環礁の島々からなるモルディブ諸島のような国は、**温暖化**による**海面上昇**は国の存亡に関わり、将来的に環境難民を生み出すような危険性をはらんでいる。

気候変動に関する政府間パネル（**ＩＰＣＣ**）では、１９９７年に温室効果ガス排出量の削減目標を定めた**京都議定書**が採択されたものの、排出量の多いアメリカが離脱したり、先進国と今後**化石燃料**の消費増加が見込まれる発展途上国とのあいだで意見がまとまらないなど、問題も多かった。

２０１５年11月30日～12月３日に開催された国連気候変動枠組条約第21回締約国会議（気候変動パリ会議：ＣＯＰ21）では、２０２０年以降の地球温暖化対策のあらたな国際的枠組み「パリ協定」が採択された。１９９７年に採択された京都議定書以来の枠組みで、すべての国が温室効果ガスの削減などに取り組むことになった。条約加盟の196ヵ国・地域が温室効果ガスの自主的な削減目標を国連に提出し、達成に向けた国内対策を行う。

人を守るオゾン層

オゾン層の破壊

地球から上空10㎞あたりまでは大気が擾乱する対流圏が存在するが、その外側の成層圏のうち、地表から10～50㎞ほどの上空に、オゾンが多く含まれる**オゾン層**が存在する。このオゾン層は太陽から放射される有害な紫外線を吸収し、地表の生物を保護する役割を果たしている。1982年に日本の南極観測隊が、南極上空の観測データから、オゾンが急速に減少している部分、すなわちオゾンホールを発見した。冷蔵庫の冷媒やスプレーなどに含まれる**フロンガス**がオゾン層を破壊することに注目が集まり、1985年に「**オゾン層保護のためのウィーン条約**」、1987年には「**オゾン層を破壊する物質に関するモントリオール議定書**」が採択された。

世界の異常気象と砂漠化

サヘル地帯の干ばつをもたらす要因は何か？

人口増加にともない森林や草原で過度の伐採や耕作、放牧が進むと、植生が破壊され、裸地が広がって土壌侵食が引き起こされる、すなわち**砂漠化**が進行する。アフリカのサハラ砂漠の南縁にあたる**サヘル地帯**（西はセネガルから東はスーダンにいたる地帯であるが、通常、サヘル地帯にはスーダンを含まない）において、1960年代後半から1980年代にかけて深刻な**干ばつ**が生じた。図5-2は、1892年から2002年のあいだのサヘル地域における夏季（6～10月）降水量の経年変化を示している。縦軸の数値のゼロの値は全期間の平均値を示し、値がプラスの年は平均より降水量が多く、マイナスの年は降水量が少ないことを示している。1970年代や80年代は平年より降水量が少なかったことがわかる。

門村（1991）によれば、干ばつがとくにひどかった1972／73年と1983／84年には、1931～60年の30年間の平均値を平年値とすると、年間降水量は多くの地点でその20～40％まで落ち込んだ。このサヘル地帯における少雨は、雨季のピークである7～8月の降水量が著しく減少するとともに雨季の期間が短縮するこ

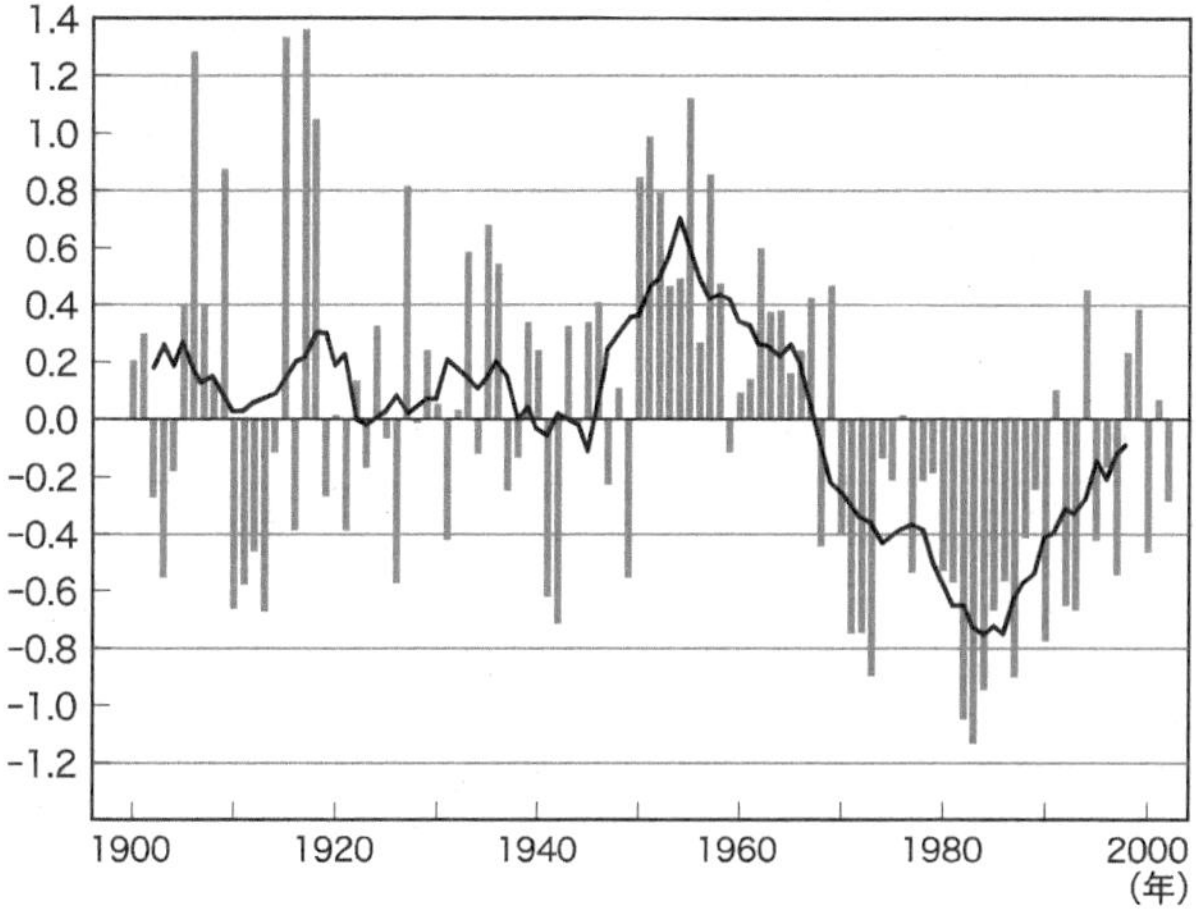

図5－2　1892年から2002年のあいだのサヘル地域における夏季降水量の経年変化　折れ線は9年間の移動平均値（木村 2005）

とによって生じている。サヘルにおいて、天水農業で栽培されるミレットとソルガムの耕作限界は、それぞれ３００㎜と５００㎜で、サヘルにおける１９５１〜８０年の平均降水量は年５００㎜程度であるので、サヘルはほぼソルガムの耕作限界に相当する。しかし、１９７０年代と１９８０年代の干ばつ期には、降水量はミレットの耕作限界まで下がり、食料不足が生じた。このミレットの耕作限界である年降水量３００㎜の等値線は、「飢餓前線」と呼ばれ、１９７２年と１９８４年には、平年の位置より２００〜４００㎞も南

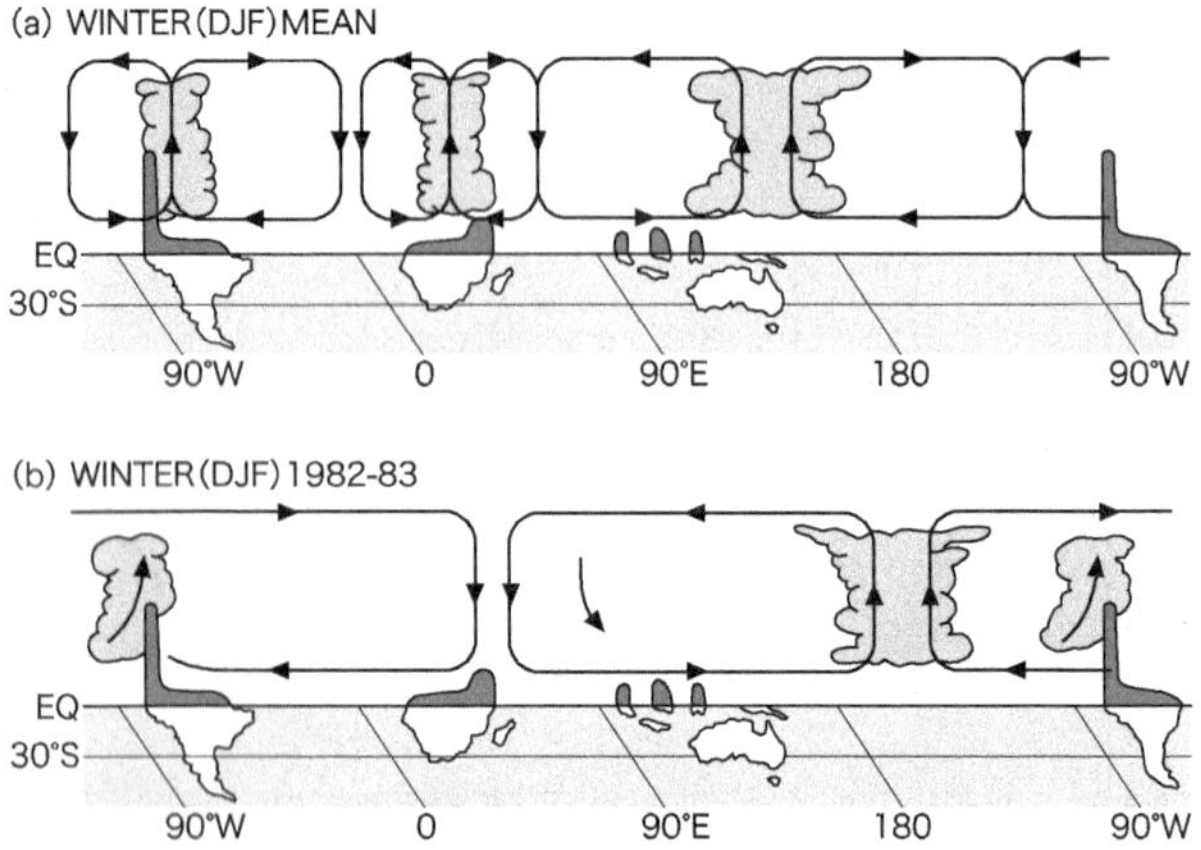

図5－3　冬の赤道対流圏におけるウォーカー循環の平均状態（a）とエルニーニョ発生時（b）の模式図　(a) 12～2月の平均的な状態、(b) 1982年12月～1983年2月の平均的な状態（WMO（1984）による）（木村 2005）

方に後退し、1960年代半ばまでの湿潤期に比べれば400～600㎞も南下して、深刻な食糧不足で多数の餓死者と難民を生み出したのであった。

木村（2005）の説明によれば、サヘル周辺の南北方向の大気大循環では、「**ハドレー循環**」（熱帯の子午線方向の循環で、赤道付近で暖かい空気が上昇し、北緯（南緯）30度付近で比較的冷たい空気が下降するために起こる循環）が見られ、サヘルの干ばつはこのハドレー循環に強い影響を受けているという。そのため、サヘルの南方にあるギニア湾の海面水温が高くなると、その上空で上昇気流が強くなり、それにともなって熱帯収束帯が南下し、サヘル付近は下降気流が卓越して、乾燥することになる（『自然のしくみがわかる地理学入門』を参照）。

また、木村（２００５）によれば、サヘル周辺の東西方向の大気循環では、「**ウォーカー循環**」という循環が見られる（図５−３）。熱帯太平洋の海水面温度の東西差により熱帯太平洋西岸（インドネシア付近）で上昇気流を、熱帯太平洋東岸（ペルー沖）で下降気流を生じさせる循環であり、図５−３（ａ）に示すように循環が地球を一周する際に、アフリカ付近では上昇気流を形成することが知られている。しかし、熱帯太平洋東部（ペルー沖）の海水面温度が上昇する**エルニーニョ現象**が生じると、この循環の配列が崩れ、図５−３（ｂ）に示すように、アフリカ付近では上昇気流が弱くなる。このように、遠く離れた熱帯太平洋東部の海水面温度の上昇が、サヘルでの干ばつをもたらす要因にもなっているとは驚きだ。

森の重要さは何か？

森林破壊

熱帯雨林はチークやラワンなどの有用材の採取やプランテーションなどの大規模農業のために開発が急速に進み、著しく減少した。とくにアフリカと南アメリカでの減少が目立っている。門村（1992）によれば、ギニア湾岸地域の熱帯雨林は、ヨーロッパの植民地になった19世紀以降、一般農民によるコーヒー、カカオなどの換金作物の栽培やアブラヤシ、ゴム、バナナなどの大規模**プランテーション**農園の開発のために大面積の森林が開墾され、輸出用材木の大量伐採が行われ、それは1960年代の独立以降、外貨獲得手段として加速したという。このため、ギニア湾岸諸国では、1990年代中頃までの約100年間で、コートジボワールの90％を筆頭に、各国平均しても数十％以上の森林が失われた（表5－1）。

ナミブ砂漠の中で季節河川（ワジ、涸れ川）のところは地下水面が浅いため、川沿いのみに森林が帯状に続いている（写真5－1）。静寂の砂漠の中で、その森に入るやいなや、多数の鳥のさえずり声が耳に入ってきて、何だかうれしくなる。日中は40℃以上になる砂漠の中で、森の中はひんやりとし、鮮やかな緑が目に飛び込んできてほ

表5－1　アフリカのおもな国における熱帯雨林の現状と消失速度
（門村 1992）

	国名（人口密度 人/km²）	元の森林面積（千ha）	現在の森林面積（千ha）	残存率（%）	一次林面積（千ha）	消失面積（千ha/年）	消失速度（%）
西アフリカ	コートジボワール（38）	16,000	1,600	10	400	250	15.6
	ナイジェリア（118）	7,200	2,800	39	1,000	400	14.3
中部アフリカ	カメルーン（24）	22,000	16,400	75	6,000	200	1.2
	ガボン（4）	10,000	9,000	90	8,000	70	0.8
	コンゴ（6）	24,000	20,000	83	10,000	60	0.3
	ザイール（15）	124,500	100,000	80	70,000	400	0.4

※人口密度は1989年現在の推定。　出典：Myers（1991）

っとする。森林は住民に日陰や薪、建築材、家畜のヤギや野生動物のゾウやキリンなどのえさ（写真5－2）など、生きていくうえでかけがえのないいろいろなものを提供してくれる。森林破壊は簡単だが、その復元は難しい。

写真５－１　ナミブ砂漠の季節河川（ワジ、涸れ川）沿いの森林　河川沿いに森林が帯状に続き、そこには鳥をはじめとするたくさんの生物が息づいている

写真５－２　季節河川沿いの森林に生息している砂漠ゾウ
砂漠ゾウは樹木の葉を食べるときに枝ごと折ったり、樹皮を剝いだりするため、樹木に与えるダメージが大きい。詳細は、吉田美冬・水野一晴（2016）「砂漠ゾウと暮らす人々」（水野一晴・永原陽子編『ナミビアを知るための53章』）を参照

大気汚染と酸性雨

国境を越えてやってくる大気汚染

工場や自動車から**硫黄酸化物**や**窒素酸化物**が大気中に放出されると、これが原因で水素イオン指数（pH）が5・6以下の強い酸性を示す**酸性雨**が降ることがある。酸性雨は森林を枯らし、土壌や湖水の酸性化をもたらし、野外の彫像などを溶かしたりする。ドイツ、チェコ、スロバキア、ポーランドでは硫黄を多く含む石炭を使用した火力発電がさかんであったため、排煙に含まれる多量の硫黄酸化物が国境を越えて、スウェーデンやノルウェーなどの北欧にも酸性雨を降らせ、森林を枯死させたり、酸性化した湖沼の魚を死滅させたりするようになった。日本においても中国の工場から排出される硫黄酸化物が**偏西風**や冬の季節風に乗って到達し、日本の森林の枯死をもたらすこととなった。このように酸性雨は国境を越えて原因国から被害国に及ぶため、1979年にヨーロッパ諸国を中心に「**長距離越境大気汚染に関するジュネーブ条約**」が締結され、1985年のヘルシンキ議定書で硫黄酸化物の30％削減を目標に規制が行われている。

人間の先端技術を超える自然の力

原子力発電

２０１０年5月に奈良でアフリカ学会があったとき、会場で一人の女性に「水野先生」と声をかけられた。その女性の顔に見覚えがない。彼女いわく、30年近く前に高校で私に地理を習ったという。私は名古屋大学を卒業して北海道大学の大学院に進学するまでのあいだ、1年間名大で研究生をしていた。そのとき名古屋市内の高校で、非常勤講師として高校生に地理を教えていたのだった。その女性が語るには、私が地理の授業で原子力発電がいかに危険で人類を破滅させるものかを熱弁し、授業後に廊下で高校生だったその女性と言い争いになったということだった。なんでも彼女の父親が中部電力に勤めていたので、私の原子力発電ダメ説に腹が立ったようだ。私はそのことをすっかり忘れていたが、その当時、よく原子力発電関係の本を読みあさっていたので、授業で持論をぶちまけたのかもしれない。翌年の3月に彼女から1通のメールをもらった。そのメールには「先生が当時おっしゃっていたことは正しかったですね」と……。

２０１１年3月11日にマグニチュード9・0という巨大地震、**東北地方太平洋沖地**

震（東日本大震災）が発生した。この激しい揺れと巨大津波は東北地方に甚大な被害をもたらした。さらに、**福島第一原子力発電所**が深刻な放射能漏れ事故を引き起こす。この事故によっておびただしい数の人々が故郷を奪われることになった。

諏訪兼位《かねのり》著『地球科学の開拓者たち』によれば、東日本大震災は天災と人災が重なった巨大複合災害であったという。地震学者は東北地方太平洋沖で起きる地震は、マグニチュード7・5程度と予測し、マグニチュード9・0という巨大地震を予想できなかった。一方、地震地質学者は、869年（貞観11年）の貞観地震がマグニチュード8・4以上の巨大地震であったと推測した。同じ対象を研究しながら、地震学者と地震地質学者がばらばらに主張を述べて、お互いの交流が不十分だったのは残念なことだったと記述されている。

同書によれば、1970年に東北電力が女川《おながわ》原発の建設を申請したときに予想される津波の高さはわずか3mであったが、その後、貞観津波の地震地質学的研究が進み、それを重視して、原発の敷地の場所を高さ9・1mに修正し、さらに決定時には14・8mまで引き上げたという。その結果、東日本大震災の大津波は女川原発の直下まで迫ったが、被害を免れることができた。

一方、福島第一原発の位置するあたりから少し内陸側の断崖上は長者原《ちょうじゃはら》と呼ばれ、海抜36mほどであった。埼玉大学の関陽太郎は1964年にこの地方の地質調査を行った。海岸部の断崖の高さ25mの岩壁に、直径1～2mの大きな穴が数ヵ所開いていることに気づき、地元の漁師に尋ねたところ、海鵜《うみう》の巣で、穴の中で雛を育てていて、あんな高いところに穴を掘っているのは荒波や津波を避けているためだろうということだった。

関は1965年に、東京電力によって福島県大熊町に設置された「福島調査所」を訪ね、幹部のT氏と懇談したという。原子力発電所を海水面から高さ10mくらいのところに設置するという方針を聞いた関氏は、断崖上の長者原に設置できないかと願ったが、36mの高さまで海水を上げるのは経済的に考えられないと拒まれた。そこで関氏は、それならせめて高さ25m以上にならないかと要望し、「海水面から高さ25mのところに海鵜の巣が水平に点々と並んでいる。あれは、きっと何千年か何百年のあいだに、何回かの津波の経験を海鵜が知っていて、海鵜は安全なところに巣を作り、守り続けたのではないか」と説明するが、「そんなものに惑わされていたら、私たち技術屋は何もできない。鳥の保護などに使うお金はない。津波といっても数m、せいぜい10mくらいのものでしょう」と一蹴されたという。T氏は後に東京電力の副社長になっている。

自然の偉大さを軽視する技術者によって原発はつくられ、そして多数の有能な技術者によって構築された最先端の技術は巨大な自然の力で瞬時に崩れ去り、甚大な悲劇を生み出すことになった。原子爆弾の被爆で長年苦しんできた日本が、再び原発事故の放射性物質にまみれて、今後何世代にもわたり苦しむことになる。このような国は世界広しといえど日本だけだ。それでもなお原子力発電を推進しようとする人々がいることに、日本の将来を真剣に考えると、甚大な危惧を覚えざるを得ない。

あとがき

この本を読んでいただいて、「世界は多様である」ということを実感していただけたと思う。世界ではそれぞれの気候に適した農業が営まれ、そこで生活する人々がいる。そして、その環境で長いあいだ育まれてきた社会や文化がある。しかし、宇宙から見れば、世界は一つの地球上に広がっており、そこには国境もなく、人間や動植物は同じ貴重な水や大気を分かち合って生きているのだ。なぜ世界のある地域に固有の社会や文化、宗教などが根付き、現在があるのかを知ることは、我々にとってとても重要なことだと思う。自分の国のことだけしか知らなければ、他国の人たちの気持ちを理解することはできないだろう。

かつてイラクが大量破壊兵器を所有しているとし、アメリカのブッシュ政権がイラクを攻撃したが、結局イラクは崩壊したものの、大量破壊兵器などは見つからなかった。しかし、そのアメリカによるイラク攻撃が、その後のイラクおよび中東に不安定さをもたらし、現在のイスラム国（ＩＳ）の蛮行やテロリズム、難民問題の引き金となってしまった。アメリカでイラク攻撃を正当化させたものは、アメリカ同時多発テロをきっかけにブッシュ政権が煽り立てたアメリカ国民の愛国心だった。もちろん愛国心は大切なものだが、それが過激化すると外国人の排斥につながる危険がある。その典型が戦争なのだ。当時、日本にいたアメリカ人の友人たちはみな、ブッシュ政権を非難しながら「あんなブッシュを支持しているのはアメリカから一歩も出たことのない人たちだ」と口をそろえて言っていた。

同じことは日本でも言える。かつてどこかの知事が「フランス語は数を勘定できない言葉だから、国際語として失格している」と侮蔑的発言をして、フランス国民の大ひんしゅくを買い、国際問題にまで発展した。また、カルティエ現代美術財団コレクション展で「ここに展示されている現代美術は、まったくもって笑止千万なもの」と発言して、フランス美術を侮辱したとフランスの新聞に取り上げられたこともあった。

それぞれの国にはそれぞれの長年の歴史があり、そこで熟成されてきたものが、その国固有の文化である。言語はその中でも最も重要な文化であり財産なのだ。他国の人間がとやかく言うようなことではない。私は何度日本在住のたくさんの外国人たちから「なんであのような人が長年知事をやっているのだ」と言われ、不思議がられてきたことか……。そのとき私も「日本から一歩も出たことがなく、世界の人々に思いを致すことができない人たちが支持しているのだろう」と言い訳をしたものだった。海外在住の日本人はとくに恥ずかしい思いをしたことだろう。

他にもこの元知事は現職時に「女性が生殖能力を失っても生きているのは無駄で罪

です」とか、「一生どこへ行ってもイジメられんじゃないの」(いじめが原因で「自殺する」との手紙が文部科学省に届いた問題について)などと発言し、なんとも悲しくなってくる。立場の強いものと弱いもの、異なった社会の人間どうしが理解し合うことが、人間社会の共存共栄にとってとても大切なことではないだろうか。

最近はテロが多発して、難民もたくさん流出し、非常に不安定な世界になりつつある。私は多くの人に、世界中の自然やそこで生活する人々、営まれている産業や培われてきた文化・風習などを知っていただきたいと思う。本書が少しでもその手助けになればと願っている。そして、できることなら自分の足で海外に出かけ、自分の目で多様な社会や文化を見て、体験していただきたいと思う。それが世界の人々と心を通わせ、世界平和と協調につながると私は信じている。

本書の制作において藤田知弘さんにご協力いただいた。本書は、ベレ出版の森岳人さんのご尽力なくして出版されることはなかった。ここに厚くお礼申し上げる。

２０１６年２月

水野一晴

文庫版あとがき

本書は2016年に刊行された『人間の営みがわかる地理学入門』（ベレ出版）が親本である。2021年に『自然のしくみがわかる地理学入門』（2015年、ベレ出版）が角川ソフィア文庫から文庫化され、さらに多くの方々に読んでいただくことになり、様々な感想やご意見をいただいた。そこで、今回連作である『人間の営みがわかる地理学入門』も文庫化されることになった。

本書を文庫化するにあたり、統計データはすべて最新のものに書き換えた。また、いくつかの加筆・修正を行った。

親本では写真は152枚と多用していたが、文庫版になって判が小さくなり、また、文庫版の読み物としての性格上、説明のために欠かせない写真や重要な写真100枚に絞り込こみ、コンパクトさを保ったが、あらたに重要な写真として写真2‐19と写真2‐20、写真3‐12を追加した。また、説明に有効な図として、図1‐8を追加した。

親本では、「あとがき」のところで、「愛国心は大切なものだが、それが過激化すると外国人の排斥につながる危険がある。その典型が戦争なのだ。」「日本から一歩も出たことがなく、世界の人々に思いを致すことができない人たちが支持しているのだろう」という文を寄せたが、今まさにウクライナで起きていることがそれを表していると言えよう。一国の最高権力者によって国民の愛国心が鼓舞されて戦争が引き起こされ、ロシアから一歩も出たことのないひとたちの多くは、情報統制下のもと何も疑うこともなく、ロシア軍のウクライナ侵攻の正当化や政府の主張を信じ切っている。いかに国の外から自国を見ることが重要であるかがわかる。

本書の「難民問題」のところでは、これまで日本の難民認定が欧米諸国に比べてきわめて少ないことを述べたが、ウクライナ避難民に対しては日本政府が積極的な受け入れ姿勢を示している。とても喜ばしいことだが、それならば、ミャンマーやアフガニスタン、シリアなど他の地域の難民に対しても、同等な姿勢を表して欲しいものだ。難民問題に対し、マスコミの取り上げ方、頻度が大きく影響して、日本国民の関心度が変化し、それが政府の政策につながっていく。マスコミの果たす役割も大きく、今後の重要な課題であると言えよう。

「あとがき」で述べたことを以下に繰り返したい。

最近はテロが多発して、難民もたくさん流出し、非常に不安定な世界になりつつある。私は多くの人に、世界中の自然やそこで生活する人々、営まれている産業や培われてきた文化・風習などを知っていただきたいと思う。本書が少しでもその手助けになればと願っている。そして、できることなら自分の足で海外に出かけ、自分の目で多様な社会や文化を見て、体験していただきたいと思う。それが世界の人々と心を通わせ、世界平和と協調につながると私は信じている。

文庫化するにあたり、ＫＡＤＯＫＡＷＡ学芸ノンフィクション編集部の宮川友里さんおよび校閲の方々のご尽力を得た。また、編集長の伊集院元郁さんには『自然のしくみがわかる地理学入門』に続いて、『人間の営みがわかる地理学入門』の文庫化を勧めていただいた。お礼を申し上げる。

２０２２年４月

水野一晴

参考文献

1　農作物と農業

スーザン・ジョージ（1984）：『なぜ世界の半分が飢えるのか―食糧危機の構造』朝日選書
孫暁剛（2016）：「ラクダ科牧畜の地域性と共通性―東アフリカ乾燥地域と中央アンデス高地の比較から」、水野一晴編『アンデス自然学』古今書院、188-199
鶴見良行（1982）：『バナナと日本人―フィリピン農園と食卓のあいだ』岩波新書
星川清親（1987）：『栽培植物の起源と伝播』二宮書店
ビル・ローズ（柴田譲治訳）（2012）：『図説世界史を変えた50の植物』原書房
バーバラ・サンティッチ&ジェフ・ブライアント編（山本紀夫監訳）（2010）：『世界の食用植物文化図鑑』柊風舎
水野一晴（1996）：『センター試験対策地理B―センター試験攻略のための論理性』河合サテライトネットワーク
水野一晴編（2001）：『植生環境学―植物の生育環境の謎を解く』古今書院
水野一晴編（2005）：『アフリカ自然学』古今書院
水野一晴（2012）：『神秘の大地、アルナチャル―アッサム・ヒマラヤの自然とチベット人の社会』昭和堂

水野一晴編（２０１６）：『アンデス自然学』古今書院
水野一晴・永原陽子編（２０１６）：『ナミビアを知るための53章』明石書店
横山智（２０１４）：『納豆の起源』（ＮＨＫブックス１２２３）ＮＨＫ出版
ラティンジャー、ニーナ＆ディカム、グレゴリー（２００８）：『コーヒー学のすすめ―豆の栽培からカップ一杯まで』辻村英之監訳、世界思想社
Surveyor-General：*The Ephemeral River Catchments of Western Namibia.* Windhoek

２　人種・民族・言語・宗教

浅井信雄（１９９３）：『民族世界地図』新潮社
伊藤正子（２０１３）：『戦争記憶の政治学―韓国軍によるベトナム戦時虐殺問題と和解への道』平凡社
市川光雄（１９９７）：「後期石器時代の環境変遷」、宮本正興・松田素二編『新書アフリカ史』講談社現代新書、48-62
氏家幹人（１９９５）：『武士道とエロス』講談社現代新書
大谷侑也（２０１６）：「息づく山岳信仰―神が住む山キリニャガ（ケニア山）」、水野一晴編『アンデス自然学』古今書院、２８４-２８８
尾本恵市（１９９９）：「アフリカ人の身体的特徴」、川田順造編『アフリカ入門』新書館、53-64

加賀谷良平（1999）：「言語と言語生活」、川田順造編『アフリカ入門』新書館、62－89
「世界情勢」探求会（2010）：『世界紛争地図』角川SSC新書
片山一道（2002）：『海のモンゴロイド—ポリネシア人の祖先をもとめて』吉川弘文館
片山一道（2020）：「ポリネシア人はアジア人なり」、秋道智彌・印東道子編『ヒトはなぜ海を越えたのか—オセアニア考古学の挑戦』雄山閣、149－157
河口慧海（1904）：『西蔵旅行記』上・下、博文館、長沢和俊編（2004）『チベット旅行記』上・下、白水社
河口慧海（1904）：『西蔵旅行記』上・下、博文館、高山龍三校訂（1978）『チベット旅行記』（1）—（5）、講談社学術文庫
川崎信定訳（1993）：『チベットの死者の書』ちくま学芸文庫
猿谷要（1994）：『日本大百科全書（ニッポニカ）』小学館
芝田篤紀（2016）：「国立公園で暮らすサンの人々」、水野一晴・永原陽子編『ナミビアを知るための53章』明石書店、298－300
白石顕二（1995）：『ザンジバルの娘子軍』社会思想社
杉村和彦（1997）：「ザイール川世界」、宮本正興・松田泰二編『新書アフリカ史』講談社現代新書、61—91
高崎通浩（1994）：『世界の民族地図』作品社

矢田俊文ほか（2008）：『地理B』東京書籍
富永智津子（2001）：『ザンジバルの笛』未來社
21世紀研究会（2006）：『新・民族の世界地図』文春新書
橋本萬太郎（1984）：「世界の言語」、週刊朝日百科、世界の地理30、「民族と言語」朝日新聞社、266‐272
水野一晴（2005）：『ひとりぼっちの海外調査』文芸社
水野一晴（2007）：「サハラ以南のアフリカ―多様な自然・社会とその歴史的変遷に着目した地誌」、矢ヶ﨑典隆、加賀美雅弘、古田悦造編『地誌学概論』朝倉書店、143―152
水野一晴（2008）：「伝統的交易・イスラーム都市ザンジバルと植民地体制下に建設された都市ナイロビ」、都市地理学、3、33―40
水野一晴（2012）：『神秘の大地、アルナチャル―アッサム・ヒマラヤの自然とチベット人の社会』昭和堂
水野一晴（2017）：「伝統的交易・イスラーム都市ザンジバルと植民地体制下に建設された都市ナイロビ」、阿部和俊編『都市の景観地理―アジア・アフリカ編』古今書院、35―43
水野一晴（2021）：『世界と日本の地理の謎を解く』PHP新書
メルバー、ヘニング（ナミビア独立支援キャンペーン・京都訳）（1990）：『わたしたちのナミビア―ナミビア・プロジェクトによる社会科テキスト』現代企画室

宮本正興（２００２）：「アフリカの言語―その生態と機能」、岡倉登志編『ハンドブック現代アフリカ』明石書店、１５１－１７９
安田喜憲（１９９５）：「小氷期のイギリスと日本」、吉野正敏・安田喜憲編『歴史と気候』朝倉書店、２３２－２４４
ライフサイエンス（２０１３）：『ニュースがわかる！「世界紛争地図」の読み方』三笠書房
渡辺和子（監修）（２０１０）：『図解世界の宗教』西東社
Mizuno, K. and Tenpa L. (2015) : *Himalayan Nature and Tibetan Buddhist Culture in Arunachal Pradesh, India : A study of Monpa*. Springer, Tokyo.

３　村落と都市

井関弘太郎（１９９４）：『車窓の風景科学―名鉄名古屋本線編』名古屋鉄道株式会社
白石顕二（１９９５）：『ザンジバルの娘子軍』社会思想社
富永智津子（２００１）：『ザンジバルの笛』未來社
早川千晶（２００２）：『ケニアの働く女性』女性と仕事の未来館
日野舜也（１９９９）：「都市、そして民族の生成」、川田順造編『アフリカ入門』新書館、２７７－２８５
松田素二（１９９６）：『都市を飼い慣らす』河出書房新社

松田素二（１９９９）：「都市、そして民族の生成」、川田順造編『アフリカ入門』新書館、２８６－２９１

松田素二（２００１）：「現代アフリカ都市社会論序説」、嶋田義仁・松田素二・和崎春日編『アフリカの都市的世界』世界思想社、１７０－１９３

成瀬洋（１９８５）：「西南日本に生じた構造盆地」、貝塚爽平・成瀬洋・太田陽子『日本の平野と海岸』岩波書店、１６５－１８４

Siravo, F. and Bianca, S.（1996）：Zanzibar : A plan for the Historic Stone Town, The Gallery Publications

4　人口

宇野大介（２００５）：「短稈と長稈、２つのトウジンビエが併存する理由」、水野一晴編『アフリカ自然学』古今書院、２３６－２４５

UNHCR（2021）：Global Trends FORCED DISPLACEMENT IN 2020

5　環境問題

門村浩（１９９１）：「熱帯アフリカにおける環境変動と砂漠化」、門村浩・武内和彦・大森博雄・田村俊和編『環境変動と地球砂漠化』朝倉書店、53－１０５

門村浩（１９９２）：「アフリカの熱帯雨林」、環境庁「熱帯雨林保護検討会」編『熱帯雨林をまもる』ＮＨＫブックス、49－90
木村圭司（２００５）：「気候からみたアフリカ」、水野一晴編『アフリカ自然学』古今書院、15－24
諏訪兼位（２０１５）：『地球科学の開拓者たち―幕末から東日本大震災まで』岩波書店
水野一晴（２０１５）：『自然のしくみがわかる地理学入門』ベレ出版
水野一晴（２０２１）：『自然のしくみがわかる地理学入門』角川ソフィア文庫
吉田美冬・水野一晴（２０１６）：「砂漠ゾウと暮らす人々―ゾウと河畔林と住民の共存」、水野一晴・永原陽子編『ナミビアを知るための53章』明石書店、３０１－３０５
WMO（1985）：*The Global Climate System : A Critical Review of the Climate System During 1982-1984*. World Climate Data and Monitoring Programme, Geneva, Switzerland

本書は『人間の営みがわかる地理学入門』（ベレ出版、二〇一六年）を加筆・修正のうえ、文庫化したものです。

人間《にんげん》の営《いとな》みがわかる地《ち》理《り》学《がく》入《にゅう》門《もん》

水《みず》野《の》一晴《かずはる》

令和4年 6月25日　初版発行
令和6年 10月30日　5版発行

発行者●山下直久

発行●株式会社KADOKAWA
〒102-8177　東京都千代田区富士見2-13-3
電話　0570-002-301(ナビダイヤル)

角川文庫 23234

印刷所●株式会社KADOKAWA
製本所●株式会社KADOKAWA

表紙画●和田三造

●お問い合わせ
https://www.kadokawa.co.jp/（「お問い合わせ」へお進みください）
※内容によっては、お答えできない場合があります。
※サポートは日本国内のみとさせていただきます。
※Japanese text only

ISBN 978-4-04-400706-5　C0125

◆◇◇

角川文庫発刊に際して

角　川　源　義

第二次世界大戦の敗北は、軍事力の敗北であった以上に、私たちの若い文化力の敗退であった。私たちの文化が戦争に対して如何に無力であり、単なるあだ花に過ぎなかったかを、私たちは身を以て体験し痛感した。西洋近代文化の摂取にとって、明治以後八十年の歳月は決して短かすぎたとは言えない。にもかかわらず、近代文化の伝統を確立し、自由な批判と柔軟な良識に富む文化層として自らを形成することに私たちは失敗して来た。そしてこれは、各層への文化の普及滲透を任務とする出版人の責任でもあった。

一九四五年以来、私たちは再び振出しに戻り、第一歩から踏み出すことを余儀なくされた。これは大きな不幸ではあるが、反面、これまでの混沌・未熟・歪曲の中にあった我が国の文化に秩序と確たる基礎を齎らすためには絶好の機会でもある。角川書店は、このような祖国の文化的危機にあたり、微力をも顧みず再建の礎石たるべき抱負と決意とをもって出発したが、ここに創立以来の念願を果すべく角川文庫を発刊する。これまで刊行されたあらゆる全集叢書文庫類の長所と短所とを検討し、古今東西の不朽の典籍を、良心的編集のもとに、廉価に、そして書架にふさわしい美本として、多くのひとびとに提供しようとする。しかし私たちは徒らに百科全書的な知識のジレッタントを作ることを目的とせず、あくまで祖国の文化に秩序と再建への道を示し、この文庫を角川書店の栄ある事業として、今後永久に継続発展せしめ、学芸と教養との殿堂として大成せんことを期したい。多くの読書子の愛情ある忠言と支持とによって、この希望と抱負とを完遂せしめられんことを願う。

一九四九年五月三日

角川ソフィア文庫ベストセラー

自然のしくみがわかる地理学入門
水野一晴

新宿に高層ビルが密集する、北海道と本州で生息する動物が異なる、高尾山の植物種数はフィンランドより多い……これらは全て「氷河」のせいなんです。身近な疑問から地球の不思議に触れる、エキサイティングな地理学入門！

ALL ABOUT COFFEE コーヒーのすべて
ウィリアム・H・ユーカーズ
訳・解説／山内秀文

歴史・文化・経済・技術ほか、コーヒーに関するあらゆる分野を網羅した空前絶後の大著『ALL ABOUT COFFEE』を、本邦初で文庫化！ コーヒー史を外観する、愛飲家垂涎の新たなバイブル、ここに誕生！

麺の歴史 ラーメンはどこから来たか
奥村彪生
監修／安藤百福

「チキンラーメン」生みの親の安藤百福と、日本の伝承料理研究家の奥村彪生がラーメンのルーツを解き明かす！ 経済、文化、歴史……多様な視点で、現在に至るまでの世界の麵食文化のすべてを描き尽くす。

マメな豆の話 世界の豆食文化をたずねて
吉田よし子

醬油や味噌、豆腐に納豆……こんなに豆料理があるのは日本だけと思いがちだが、世界の豆食文化も凄かった！ 多彩な豆食文化を求め中国・インド・東南アジア・中南米を探査。人間の知恵と豆のパワーに迫る。

キリスト教でたどるアメリカ史
森本あんり

合衆国の理念を形作ってきたキリスト教。アメリカ大陸の「発見」から現代の反知性主義に至るまで、宗教国家・アメリカの歩みを通覧する1冊。神学研究のトップランナーが記す、新しいアメリカ史。

角川ソフィア文庫ベストセラー